Günter von Hummel

Die somatoforme Schmerzstörung

Eine allgemeine Darstellung, eine
persönliche Erfahrung und eine
neue darauf bezogene Therapie

Das Umschlagsbild der Malerin T. Heydecker zeigt im gelben Behälter das Physische, das dem Menschen in Form chemischer Medikamente eingeflößt wird, und den Fadenknäuel, der das Psychische darstellt, das ihm auf anderer Weise zukommt. Denn der Mensch besteht hinsichtlich der somatoformen Schmerzstörung aus beiden Komponenten, doch bis heute finden beide keinen klaren Zusammenhang, vielleicht, weil man bisher nur so ein starres, skurriles Bild davon hat.

© 2026 Günter von Hummel
Verlag: BoD · Books on Demand GmbH,
Überseering 33, 22297 Hamburg, bod@bod.de
Druck: Libri Plureos GmbH, Friedensallee 273,
22763 Hamburg
ISBN: 978-3-7597-8790-3
Lektoriert von R. J. Osler und S. Möckel

Inhaltsverzeichnis

1. Somatoform

Bevor ich zur Ernsthaftigkeit der somatoformen Schmerzstörung komme, eine kurze, einführende Bemerkung. Denn diese Erkrankung ist aus zwei sehr unterschiedlichen Bereichen des Menschen zusammengesetzt: aus einem mehr körperlich neurologischen Teil und einem mehr unbewusst psychischen Teil. Das ist zwar nichts Ungewöhnliches, denn jede krankhafte Störung drückt sich in beiden Bereichen – schwerpunktmäßig mal in dem einen oder dem anderen Teil – aus. Aber bei der somatoformen Schmerzstörung wie auch in anderen ähnlichen, sogenannten Post-Virus-Erkrankungen, liegt der Schwerpunkt gleichermaßen verteilt in einem elementaren Punkt dieser beiden Bereiche, und man müsste natürlich dort ansetzen, um die Störung zu verstehen und sie auch effektiv behandeln zu können.

Was die somatoforme Schmerzstörung wirklich verursacht, lässt sich – bis heute – ganz genau gar nicht sagen. Denn es findet sich kein organisches Substrat, keine Schädigung irgendeines Gewebes oder Organs und eben auch nichts bewusst Psychisches, letztlich also einfach nichts Fassbares. Man hat Schmerzen irgendwo im oder am Körper, oft im Kopf-Kiefer-Bereich, manchmal an Armen oder Beinen oder sonst wo, ohne dass sich dort etwas konkret Krankhaftes nachweisen lässt. Sehr klar und einfach beschreibt Wikipedia die Krankheit: *Bei einer somatoformen Schmerzstörung* *(auch Psychalgie) handelt es sich um eine Form der <u>somatoformen Störung</u>, die sich durch einen <u>subjektiv</u> empfundenen, mindestens 6 Monate andauernden, intensiven und quälenden <u>Schmerz</u> in einem Körperteil, der nicht ausreichend durch eine körperliche Störung oder ein <u>physiologisches</u> Geschehen erklärt werden kann, äußert. Das Auftreten dieses Schmerzes ist gekoppelt mit schwerwiegenden <u>emotionalen</u> und/oder <u>psychosozialen</u> Belastungen beziehungsweise <u>Konflikten</u>, die in einem entscheidenden ursächlichen Zusammenhang zu dessen Genese stehen. Verstärkte persönliche Zuwendung und medizinische Betreuung folgen daraus als möglicher Krankheitsgewinn. Verglichen mit Somatisierungsstörungen zeigen sich diese Schmerzen als anhaltend und im Fokus der Aufmerksamkeit des Betroffenen stehend.*

Die Schmerzen werden wohl über die peripheren Nervenstränge vom Zentralsystem dorthin geleitet, wo es weh tut, sie strahlen also den Schmerz nach dorthin aus, beziehungsweise *Es*, das noch unklare Geschehen selbst, projiziert sie nach dorthin. Der Begriff des *Es* stammt von dem Nervenarzt G. Groddeck, für den alle Krankheiten psychosomatisch waren, also gleichermaßen psychisch und körperlich verursacht.[1] Nach Groddecks Auffassung würde die somatoforme Schmerzstörung von diesem mysteriösen *Es* verursacht werden. *Es*

---

[1] Groddeck, G., Das Buch vom *Es*, Ullstein (1988)

kann sich auch wie beim Phantomschmerz um eine reine Schmerzprojektion handeln, doch ändert dies nichts am Wesen dieser Erkrankung, die sehr unangenehm sein kann. Sie sitzt jedenfalls nicht unbedingt dort, wo sie schmerzt, obwohl dies äußerst eindrucksvoll so aussieht. Es liegt keine der üblichen Entzündungen, keine degenerative Störung und keine andere organische Veränderung vor. Auch kein definitiv zu bestimmendes psychisches Syndrom wie eine Neurose oder Psychose kann nachgewiesen werden.

Es schmerzt einfach, und es ist unklar, warum. Sigmund Freud, der Begründer der Psychoanalyse, hat dieses *Es* das Reservoir der Eros-Lebens-Triebe genannt, denen er den Todestrieb gegenüberstellte, ein Konflikt der Kräfte, und es könnte ja sein, dass solch ein konflikthaftes, konstantes Geschehen den Schmerz erzeugt und ihn somatoform (Soma heißt altgriechisch Körper), also körperlich, körperhaft ausstrahlt. Die so geformte Störung wurde in den internationalen Diagnoseschlüssel ICD-10 erst im Jahr 2009 aufgenommen, weil man vorher nicht wusste, in welche Krankheits-Kategorie man sie überhaupt einordnen sollte. Etwas Projektives wie beim Phantomschmerz spielt sicher eine wesentliche Rolle, aber auch etwas Körperliches – vielleicht im Molekularbereich – ist gleichermaßen beteiligt.

Bekanntlich leiden Menschen nach einer Amputation an Schmerzen und Empfindungsstörungen im gar nicht mehr vorhandenen amputierten Körperteil (Phantomschmerz). Die Ursachen liegen zum Teil im durchtrennten Nervenstrang des betroffenen Körperteils, aber wohl zum Hauptteil in den basalen Teilen des Gehirns, wo sich auch Nerven von beiden Gehirnteilen – den nach außen gehenden Nervenbahnen und den basalen Gehirnanteilen, kreuzen.[2] Damit kann man verstehen, wie auch Psychisches aus dem Unbewussten, das speziell projektiv mit dem Gehirn verbunden ist, am Schmerzprozess entscheidend mitbeteiligt sein kann. Nur wie, das weiß man ebenfalls bis heute nicht.

Die somatoforme Schmerzstörung hat auch Beziehungen zu dem vielleicht bekannteren chronischen Fatigue-Syndrom (CFS) und der myalgischen Enzephalitis (ME), deren Ursachen ebenfalls unbekannt sind, denn in welchem Organ sollte man die Müdigkeit, die auch mit physischer Schwäche einhergeht, lokalisieren? Und vor allem: Wie sollte man diese Störungen verstehen, bei denen ebenso kein Organ eine nachweisbare krankhafte Veränderung aufweist? Auch in den einzelnen Regionen des Gehirns findet man nichts – man muss also den Menschen, die sich ständig überfordert fühlen, obwohl unklar ist, in welchem Ausmaß sie es sind, einfach glauben. Die Schilderung ihrer Schmerzen klingt plausibel und nachvollziehbar. *Es* ist real, auch wenn man sich ihm vorerst nur imaginär (bildhaft) und symbolisch (worthaft) nähern kann.

---

[2] Hsu E, Cohen SP. Postamputation pain: epidemiology, mechanisms, and treatment. J Pain Res. (2013) 6:121-136.

Trotzdem: Noch schwieriger ist zu verstehen, warum viele dieser somatoform Erkrankten eine sogenannte Belastungsintoleranz haben, das heißt, selbst nach ein bisschen Bewegung, zu der man ihnen ja aus gesundheitlichen Gründen geraten hat, geht es ihnen schlechter als vorher. Frauen sind zu dreiundsechzig Prozent, also deutlich häufiger betroffen, aber warum? Die meisten Patienten sind seriöse Individuen, die zuvor vieles geleistet haben, psychisch nicht auffällig waren und in allen Lebenslagen funktionierten. Ein Fehler besteht oft darin, dass der Patient oder die Patientin ihre Symptome zu emotional, manchmal geradezu theatralisch schildern, und man das Ganze dann als rein psychisch abtut. Nun dominiert bei der somatoformen Schmerzstörung der körperhafte Schmerz und stellt sich ins Zentrum, ohne dass es ein solches gibt und man ihn nicht messen kann. Aber das Psychische kann man schon gar nicht messen.

Erschwerend für das Verständnis kommt noch dazu, dass die Schmerzen sehr verschieden ausgeprägt sein können, so dass sie oft eher wie Rheuma oder eine klassische verkörperlichte Depression wirken. Ich litt ein paar Jahrzehnte lang selbst unter der somatoformen Schmerzstörung, kam aber aus noch zu erklärenden Gründen relativ gut damit zurecht, obwohl die Krankheit ja in jedem Moment da ist. Sie war bei mir zwar nicht so extrem behindernd und lebenseinschränkend, wie gerade angedeutet, aber eben doch ständig vorhanden, mal mehr mal weniger spürbar. Doch bevor ich jetzt zu viel Persönliches ins Spiel bringe, zitiere ich ein paar fachliche, klinische Bemerkungen aus dem Deutschen Ärzteblatt zu dieser Form der Erkrankung.

Die Diagnose somatoforme Schmerzstörung (ICD-10: F45.4) wird häufig erst nach mehrjähriger Krankheitsdauer und multiplen diagnostischen Abklärungen, teilweise auch iatrogenen Schädigungen gestellt.

Im Vordergrund steht eine schon mindestens sechs Monate lang anhaltende Schmerzsymptomatik (chronischer Schmerz), welche durch einen physiologischen Prozess oder eine körperliche Störung nicht hinreichend erklärt werden kann. Neben dem Ausschluss einer zugrunde liegenden körperlichen Ursache muss gleichzeitig im engen zeitlichen Zusammenhang mit dem Beginn dieser Schmerzsymptomatik eine psychosoziale Belastungssituation (Scheidung, Pflege/ Tod eines nahen Angehörigen, Arbeitsplatzverlust) oder eine innere Konfliktsituation nachweisbar sein.

Bei Exploration der Entwicklung in Kindheit und Jugend fällt auf, dass diese Patienten zunächst dazu neigen, pauschal eine „glückliche", zumindest jedoch „unproblematische" Kindheit zu vermitteln. Erst bei genauerem Nachfragen wird dann ein erhebliches Ausmaß an emotionaler Deprivation, körperlicher Misshandlung und auch sexueller Missbrauchserfahrungen deutlich, das jedoch selbst dann noch oft bagatellisiert, beziehungsweise verleugnet wird. Das Erwachsenenalter ist auf dem Hintergrund der als Resultat dieser Kindheitsentwicklung entstandenen Selbstwertproblematik von einer permanenten Suche nach Anerkennung und einer hohen Kränkbarkeit geprägt. Eine psychische Verursachung der Schmerzen wird von diesen Patienten deshalb auch aus Angst vor einer damit verbundenen Stigmatisierung meist abgelehnt.

Somatoforme Schmerzen laufen auf einer rein zentralen Ebene ab, werden vom Patienten jedoch peripher lokalisiert. Eine wesentliche Bedeutung scheint dabei der frühen intrapsychischen Verknüpfung von körperlichen Schmerzerfahrungen und affektiven Zuständen in Kindheit und Jugend zuzukommen. Wie bei vielen anderen psychischen und psychosomatischen Erkrankungen prädisponieren eine Reihe psychosozialer Belastungsfaktoren in Kindheit und Jugend für die spätere Entwicklung einer somatoformen Schmerzstörung. Besonders bedeutsam erscheint dabei die Kombination einer früh gestörten Mutter/Eltern-Kind-Beziehung (das heißt dem primären Bindungsbedürfnis des Säuglings/Kleinkindes wird von der Hauptbezugsperson – sei es in Form eines emotionalen Desinteresses, sei es im Sinne einer überzogenen Einengung seiner Neugier – nicht adäquat begegnet) sowie ausgeprägter körperlicher oder schwerer sexueller Misshandlung.[3]

---

[3] Tiber Egle, U., Prof., Dt Ärzteblatt, 2000; 97: A-1496-1437

Diesen Text des Psychiaters, Prof. Tiber Egle, habe ich erheblich gekürzt, denn es wiederhole sich die meisten Erklärungen, die dennoch sehr profund, sehr differenziert und anschaulich sind, wobei die gemeinten traumatischen Erfahrungen auch schon aus frühester Zeit durchaus plausibel sind. Darüber weiß man speziell aus der psychoanalytischen Forschung noch etliches mehr. Als Arzt und Psychoanalytiker und noch dazu als selbst Betroffener kann ich dennoch sagen, dass die erwähnten Informationen bündig und gut sind, bin ich doch selbstverständlich auch noch von anderen Patienten aus der eigenen Praxis her informiert und kann das nur bestätigen. Aber ich bin mir auch darüber im Klaren, dass die theoretischen Kenntnisse noch deutlich mehr Praxis brauchen, denn die Psychoanalyse hat ein Problem mit den besonders frühen neurotischen Komplexen, das heißt auch mit dem, was sie das Ur-Verdrängte nennt, also das erste ausgeprägt ins *Es* Verdrängte.

Doch auch von der körperlichen, somatischen Seite her mangelt es beträchtlich. Vielen Ärzten ist die Krankheit gar nicht bekannt, mangels gut wirksamer Medikamente wissen sie auch nicht, was sie tun könnten. Sollen sie den Patienten zum Neurologen, Psychiater, Internisten, Psycho- oder Physio-Therapeuten schicken? Die somatoforme Schmerzstörung kann eine sehr schlimme Erkrankung sein, bei der man oft an den Tod denkt, der aber nie durch sie eintritt. Sterben kann man daran nicht. Neben den genannten problematischen Krankheiten wie dem ME und CFS, existieren noch das MCS (multiple chemical sensitivity Syndrom) und vor allem das erst neuerlich hinzugekommene Long- und Post-Covid-Syndrom, um ein weitere paar Beispiele dieser Krankheitsform zu nennen. Alle haben sie etwas mit dem Nerven- und Immunsystem zu tun, und auch wenn man dort nichts Manifestes findet, stehen sie wohl doch – und vielleicht sogar vordergründig – mit dem psychisch Unbewussten im Zusammenhang.

Ausschließlich naturwissenschaftlich orientierte Forscher behaupten, dass die Ursache aller dieser Erkrankungen meistens in einem vorhergehenden Virusbefall, eventuell verbunden mit restlichen Virusbruchstücken, abspielt, was sich auch in Veränderungen an den Mitochondrien (Zellorganellen) zeige, die mit Calcium überfrachtet und geschädigt würden, oder in entzündlichen Erscheinungen an Gehirngefäßen, die so versteckt ablaufen, dass man sie nicht direkt diagnostizieren kann. Es finden sich ja auch keine Entzündungszeichen im Blut, wohl aber manchmal erhöhte Herpes- oder Epstein-Barr-Virus Titer aus früheren Erkrankungen. In der *Pharmazeutischen Zeitung* berichten Autoren von zurückbleibenden Virusresten, von ‚pathogen molekularen Mustern speziell in Darmepithel-Zellen, von Auto-Antikörpern, von Cortison Verminderung, von veränderten B-T-Zell-Funktionen und Zytokinen und weiterem mehr.[4] Ich bin überzeugt, dass alle diese Aspekte eine Rolle spielen, aber nicht die entscheidenden Faktoren darstellen.

Der Pharmakologe K. Wirth will für all diese Somatisierungsstörungen ein neues Medikament entwickeln, hat dazu extra eine Firma gegründet (Mitodicure) und arbeitet mit der Onko- und Hämatologin von der Berliner Charité, C. Scheibenbogen, zusammen, die sich ebenfalls mit dem Versuch, den Ursache-Mechanismus dieser Erkrankungen auf der Basis biochemischer Mechanismen weiter aufzuklären, beschäftigt.[5] Sie gilt als die im Moment bedeutendste Wissenschaftlerin im universitären Fachgebiet. Sie wehrt sich dagegen, den Patienten psychische Faktoren als vorwiegenden Grund der Erkrankung zu unterstellen, und beharrt auf der naturwissenschaftlichen Ursache. Aber als mitverursachend wird man unbewusst Psychisches nicht ausschließen können. Dieser Eindruck stellt sich doch meist zusätzlich zu allen anderen Symptomen ein, die zum Krankheitsbild der Post-Virus-Störungen zählen..

In einem neuen Artikel der FAS wird über diese Situation weiterhin ausführlich berichtet. Am Tag zuvor haben nämlich Hunderte von ME/CFS-Geschädigten vor

---

[4] Hohmann, C., Rößler, A., Update zur Immunologie von Long Covid, Pharmazeutische Zeitung vom 22. 11. 2022
[5] Schläfer, E., Vom Leben ausgeschlossen, FAS vom 29. 10. 2023 S. 16-17

dem Reichstagsgebäude in Berlin wie todkrank auf der Wiese gelegen und für eine bessere Versorgung der Patienten und mehr Geld für die Forschung demonstriert.[6] Auch in anderen Städten haben derartige Demonstrationen stattgefunden, doch bewirken konnten sie nichts. K. Wirth will zwar mit seiner Firma schon bald das angekündigte Medikament herstellen, vorher allerdings auch noch bereits bestehende Medikamente in großem Umfang an diesen Kranken testen, was alles aber mehr als ein paar Millionen kosten würde und eine letztliche Klarheit vielleicht gar nicht erbrächte. Doch die Anstrengungen an diesem mehr herkömmlich pharmakologisch und biotechnisch entwickelten Stoff sind dennoch mehr als einen Versuch wert.

Wahrscheinlich ist es egal, ob man aktuelle Viren oder Gefäßentzündungen als einen Mitverursacher aller dieser Erkrankungen ansieht. Das Gleiche wird für die psychischen Ursachen und die frühkindlichen traumatischen Schädigungen gelten, denn dort gibt es keine objektiven Fakten, sondern eher subjektive Zustände. Doch gerade, weil die meisten Forscher immer wieder das Ursächliche in entweder Physisch-Körperliches oder Psychisch-Geistiges zu sehr spalten und dabei die eine Seite deutlich mehr als die andere betonen, wird kein einheitliches Ergebnis zustande kommen, egal ob etwas objektiv oder subjektiv ist. *Es* stellt – so

---

[6] FAS, Nr. 19, Die Jagd nach dem Blockbuster, 12. 5. 2024

aufgefasst – ein nur banales Zusammenkitten aller Phänomene, und keine Lösung dar. Es fehlt einfach ein dritter Zugang. Einen solchen glaube ich jedoch in dem französischen Arzt und Psychoanalytiker Jacques Lacan gefunden zu haben, der diesen seinen Zugang eine Wissenschaft v o m Subjekt genannt hat, die aber dennoch einen ,objekthaften' Charakter besitzt, und zwar exakt durch dieses *Es* und den Konflikt mit dem Tod, was ich noch weiter erklären will.

Denn *Es* – wenn man vorerst einmal bei diesem pauschalen und unbestimmten Begriff bleiben kann – ist nicht psychisch und nicht physisch. *Es* ist ein komplexes Geschehen, eine urverdrängte Triebkraft, in der der Tod immanent ist.[7] Lacan hat *Es* als vom Instinkt klar unterschieden, der sicher beim Tier ein objektives Geschehen ist, beim Menschen aber haben sich die gefestigt wirkenden Instinkte in frei und manchmal gar chaotisch wirkende Triebe verwandelt. Das hat damit zu tun, dass das bei den Tieren nur als Signal-Sprache vorkommende Kommunikationssystem, sich in das nunmehr als Symbol-Sprache wirkende Ausdrucks-System verwandelt hat, das weniger der Kommunikation, als der Enthüllung, der Bedeutungsgebung und der Signifikanz dient. Genau darin steckt *Es*, das beim Menschen

---

[7] Unter Urverdrängung versteht man eine erste Verdrängung, psychische Abspaltung, meist auch Somatisierung neuro-psychischen Geschehens. Sie zieht dann andere Verdrängungen oder seelische Abspaltungen nach sich.

nicht mehr wie ein Instinkt, sondern wie ein sprach-strukturierter Trieb, wie ein unbewusstes Begehren, Wünschen, Drängen samt seinen Gegenstrebungen wirkt.

Na ja, das wird den naturwissenschaftlichen Ärzten wiederum nicht gefallen, weil zu einseitig ausgedrückt. Eine Theorie des Begehrens, die Freuds'sche Sexualtheorie zum Beispiel, gilt ihnen hinsichtlich des Somatoformen, Psychosomatischen, als unbrauchbar. Doch Freud hat in diesem Begehren nicht das Sexuelle der Erwachsenenwelt gesehen, wie oft behauptet wird, sondern etwas, dem lediglich ein derartiger Charakter, etwas vergleichbar Typisches, zukommt. Das in der frühen Kindheit vorherrschende Begehren wirkt sich als ein Lust-Prinzip aus, dem jedoch fordernd und anspruchsvoll ein Realitäts-Prinzip gegenübersteht. Eben darauf, auf diesem Anspruch und dem ihn begleitenden Begehrens-Geschehen beruht *Es*, das als Einheitliches, als ein Ganzes, weder in der Praxis noch in der Theorie bisher erfasst werden konnte. *Es* ist immer, wie schon oben erörtert, in Physisch-Körperliches und Psychisch-Geistiges gespalten, sodass an ihm immer dieser Begehrens-Charakter als Konkurrent zur Realität haften bleibt.

Doch bevor ich erneut zu früh mit Theorien zur Ursache der somatoformen Schmerzstörung weitergehe, kehre ich nochmals zu den Stellungnahmen der ärztlichen Fachleute zurück, diesmal zu denen, die aus einer der

Fachkliniken stammen, von denen etwa ein Dutzend im Internet ausführlich Auskunft zur somatoformen Schmerzstörung geben. In dem folgenden Artikel der Oberhofkliniken, die sich intensiv mit der somatoformen Schmerzstörung beschäftigen, wird die enge Verknüpfung der Schmerzsysteme auf der neurobiologischen und auch psychologischen Ebene hervorgehoben und es werden hier endlich klare Angaben zur Behandlung gemacht:

Als Hauptrisikofaktoren für die Entstehung einer Somatoformen Störung gelten: Frühe (eigene) Erfahrung von schweren Erkrankungen oder Erkrankungen innerhalb der Familie, außergewöhnlich belastende Lebensereignisse (Arbeitslosigkeit, Trennung, Unfälle, Verlust einer nahestehenden Person, komplizierte Operationen, besonders sorgenvoller Umgang mit körperlichen Beschwerden (auch familiär), neurobiologische und genetische Faktoren.

Psychotherapeutische Ansätze bestehen in Kognitiver Verhaltenstherapie (KVT), Familientherapie oder in psychoanalytischer und tiefenpsychologisch fundierter Therapie. In letzterer geht es vor allem darum, seelische Konflikte, mögliche Traumatisierungen oder familiäre Belastungen aus der Vergangenheit aufzuarbeiten, die hinter der Störung stecken können. Man geht davon aus, dass solche belastenden Ereignisse bis in die Gegenwart nachwirken und so zur Entstehung und

Aufrechterhaltung der körperlichen Beschwerden beitragen können.

Unter bestimmten Voraussetzungen können die Psychotherapien durch Psychopharmaka zeitweise unterstützt werden. Einige dieser Medikamente sind – je nach individueller Absprache und Dosierung – sehr gut geeignet, eine innere Distanz zwischen den belastenden Gedanken und dem körperlichen Beschwerde- und Schmerzempfinden zu schaffen.

Bei einer anhaltenden Schmerzstörung ist es in manchen Fällen sinnvoll, neben einer Psychotherapie auch Schmerzmittel einzusetzen. Dabei eignen sich vor allem Schmerz- und Entzündungshemmer (Schmerzmittel der Stufe 1, die weniger Nebenwirkungen haben) – auf Opioide, die deutlich stärker wirken, sollte möglichst verzichtet werden.

Auch dieser Artikel wurde erheblich gekürzt, denn ich denke, die etwa gleichlautenden Berichte vermitteln zu Genüge die derzeit gängige Theorie und den fachlichen Umgang mit der somatoformen Schmerzstörung und lassen mich zuerst nochmals allgemeine Bemerkungen zum Hintergrund derartiger Krankheiten anfügen. Nicht nur, weil ich selbst davon mehr als vierzig Jahre lang betroffen war und zudem ein eigenes, neues Therapieverfahren entwickelt habe, sondern weil die somatoforme Schmerzstörung zu weitreichenden Erklärungen existenzieller, psychoanalytischer und subjektwissenschaftlicher Natur anregen, wie es also auch Lacan hinsichtlich psychischer Erkrankungen generell getan hat.

Natürlich gibt es kein Leben ohne Schmerz. Unter dem Begriff ‚chronisch Schmerzkranker‘ finden sich heutzutage wesentlich mehr Patienten als unter der spezifisch ‚somatoform‘ genannten Schmerzkrankheit. Wahrscheinlich gibt es fließende Übergänge von der einen zur anderen Erkrankung. ‚Chronisch Schmerzkranke‘ weisen allerdings meist effektive Vorerkrankungen, Verletzungen, Rheuma, Arthrose oder Operationsfolgen als Ursache auf, man kann sie also von daher behandeln, trotzdem können auch ihre Schmerzen jahrzehntelang bestehen bleiben. Mir geht es hier jedoch vorwiegend um diejenige Schmerzerkrankung, die aus heiterem Himmel kommt und für die nicht die geringste Ursache zu finden ist.

Hängt die rätselhafte Ursache der somatoformen Schmerzstörung nicht gerade in einer Weise mit Fakten zusammen, in der – um nochmals eine andere Version einer Erklärung einzuführen – nur eine sehr konkrete Auseinandersetzung mit Zukunftsängsten, deutlichen Persönlichkeitsstörungen und mit einem scheinbar drohenden Tod, Klärung und Hilfe zugleich bringen könnte? Kurz: Muss man nicht nach dem ‚Werden‘ schauen, anstatt nur im ‚Gewesen-Sein‘, in den Ursachen, zu stöbern? Oder, wo soll man mit einer übergeordneten und nicht nur für Fachleute gültigen Beschreibung dieser Erkrankung anfangen? Es muss doch auch nachvollziehbare Erklärungen für den Einzelnen geben, und zwar exakt auf dem als begehrendem, als eigens unbewusst verlangendem Subjekt, dessen Verdrängungen man aufdecken und die Krankheit damit lösen könnte.

Aber die frühen Erfahrungen von Verlusten, von Deprivation in Folge von Missbrauch, Störung der Mutter-Kind-Beziehung und was alles in den zitierten Artikeln erwähnt wurde, können nicht durch rein psychische Verdrängungen zustande kommen. Man weiß in der Psychoanalyse sehr genau, dass nur die unbewusst an bestimmte Körperzonen gebundenen Symptome behandelbar sind. Alles nicht derart ‚zonal' gebundene und damit nicht repräsentierte Symptom kann nicht psychoanalytisch erfasst werden. Schon Freud sagte, dass man dann einen Ursachen-Komplex einfach nach naheliegenden Faktoren konstruieren muss

Alle gehen also im Endeffekt – wie ich es bereits in den ersten Zeilen dieses Buches angedeutet habe – von einem neuro-psychologischen Netzwerk aus, was immer das vorerst heißen mag. Die These vom ‚Netzwerk Menschengehirn' wird in einem neueren Werk des bekannten Hirnforschers G. Roth ausführlich dargelegt. Roth postuliert beispielsweise sechs `psychoneuronale Systeme´ (stressverarbeitend, intern beruhigend, intern bewertend und belohnend, impulshemmend, bindungssystemisch und das System des Realitätssinns und der Risikobewertung) und vier entsprechende, mehr oder weniger hierarchische `Ebenen´ (untere limbische,

lebenserhaltende Ebene, mittlere limbische emotions-
bezogene Ebene, obere limbische Ebene bewusster Gefühle und Motive und die kognitiv-sprachliche Ebene).[8]

Die Vielschichtigkeit und Unklarheit von Roths neu-
ropsychischen Thesen ist ähnlich strukturiert wie bei
den Immunologen. Denn Roth beschreibt nicht, was eigentlich das Agens ist, das die Miteinander-Wirkungen
der Systeme vollbringt. Er geht von den Genen, von
Neurotransmittern und Zellimpulsen elektrischer Natur
aus, deren Wirkungen sich in einer Weise überkreuzen,
sodass man von den Systemen, die er beschreibt, gar
nichts mehr unmittelbar verwenden kann. Roth beschreibt auch nicht, was an seinen Systemen angeboren
oder erworben ist und was man damit selbst bewirken
könnte. Ist hier also auch das Ich beteiligt, das *Es*, oder
sind es nur die Gene? Wahrscheinlich alles zusammen,
denn die Gene spielen in Roths Schilderungen eine bedeutende Rolle, aber sicher können durch Fehlentwick-
lungen und traumatisierende Ereignisse ja auch Neigun-
gen impulshemmender und emotionsbezogener Art zusätzlich – in epigenetischer Form – erworben worden

---

[8] Roth, G., Wie das Gehirn die Seele macht, Klett – Cotta
(2014). Ich erwähne nur nebenbei die Bücher von S. Pinker, A.
Damasio, E. Kandel, O, Turnbull und andere, da sie alle eine
ähnliche Vorgehensweise haben, nämlich den Zusammenhang
von Seele und Gehirn netzwerkartig darzustellen, ohne damit
etwas zu erklären.

sein.[9] Doch, wenn sie erworben sind, hat die Seele ja das Gehirn gemacht und nicht umgekehrt, wie Roth es beschreibt. Das Gehirn hat neuesten Forschungen zufolge tatsächlich eine ausgeprägte Plastizität, sodass zum Beispiel eine aus sozialen, aber auch unbewussten Konflikten berechtigte Wut Einfluss auf das Neurohormon Serotonin haben kann und damit alles anders gesteuert wird. Aber wird man von dieser Erkenntnis her gesund?

Letztlich will ich jedoch gar nicht auf eine spezielle Kritik an all diesen Neurowissenschaftlern hinaus. Für mich liegt das Hauptproblem darin, wie unterschiedlich Hirnforscher bezüglich ihrer Untersuchungen die imaginäre Ordnung (Bilder des Gehirns) und die symbolische Ordnung (die oben geschilderte Symbol-Sprache) benutzen. Bei Roth sind die Gehirnareale wenigstens mit den sprachlich-kognitiven Vorgängen „befasst" (vor allem im Frontalhirn), dennoch existiert kein übergeordnetes *Es*, das aus dem genannten Psychisch-Geistigen und Physisch-Körperlichen zusammengesetzt ein guter Ansprechpartner wäre, den man fragen könnte, wie durch all dies Vorgebrachte der Schmerz entsteht.

Denn warum und wie ist das somatoform? Ich denke, dass vor allem das von den Autoren in Fußnote 2

---

[9] So etwas wird vor allem im Mechanismus der Epigenetik diskutiert. Damit sind Veränderungen im Erbgut insofern möglich, als zwar nicht die Gene direkt verändert, diese aber wohl vermehrt an- oder abgeschaltet werden können und so neue Eigenschaften eine genetische Basis bekommen.

geäußerte Konzept einer Kreuzreaktion linker und rechter Gehirnteile eine Somatisierung aus neurologischer Sicht detailliert erklären kann. Mitverursachend können dazu die frühen psychisch unbewussten Strukturen des *Es* sein, die projektive und topologisch gestaltete Dynamiken enthalten, die sich mit den neurologischen Aspekten in Verbindung bringen lassen. Lacan hat hierzu etliche Modelle wie etwa das Möbiusband oder den Torus herausgestellt. Ich gehe diesen Fragen im nächsten Kapitel genauer nach, denn es ist nötig, für die somatoforme Schmerzstörung ein umfassendes Konzept entwickelt zu haben, mit dem sich somatische und psychische Aspekte vereinen lassen.

Einen ausführlichen Überblick auf dem neuesten Stand zu all diesen somatoformen Erkrankungen findet sich in einer Veröffentlichung der ‚Deutschen Gesellschaft für ME/CFS'. Es wird sehr umfassend darauf eingegangen, wie behutsam man mit diesen Kranken umgehen sollte, weil meist „zu früh, zu viel und zu schnell" etwas getan wird, was die Krankheit eher verschlechtert. Es wird auf die häufigen ‚orthostatischen (kreislauf-betonten) Probleme', auf das PEM (post-exertionelle Malaise), auf das sogenannte „Pacing", das genau abgestimmte „Aktiv-und-Energie-Management" reichlich eingegangen. Sport oder zu starke körperliche Belastung sollen vermieden werden und auch Psychotherapie in „kurativer Absicht" – also Therapie ohne Bestimmtheit – soll genauso wie Verhaltenstherapie nicht zur Anwendung kommen.

Zahlreich wird auf die möglichen Behandlungen durch Medikamente hingewiesen, die zwar alle keinen großen Durchbruch erreichten, aber dennoch zur Linderung der Beschwerden erwogen sein sollen. So z. B. auf eine Low-Dose-Therapie mit Aripipraxol, einem Mittel, das zur Schizophrenie-Behandlung eingesetzt wird, oder Naltrexon, einem Opioid-Antagonisten – was ich freilich für sehr problematisch halte. Doch man sieht daran, dass es eben nicht wirklich Wirkendes gibt, und dass die genannte Gesellschaft für ME/CFS in Panik darüber ist, wie sie helfen soll. Ähnlich fragwürdig ist die Verwendung von Vericiguat (Herzschwäche-Mittel) und Pyridostigmin, das auf die Muskulatur stärkend wirkt.

Ich komme auf Medikamente noch ausführlich zurück, selbst habe ich kaum ein Medikament genommen, aber ich hatte auch nicht so ein ganz schweres Ausmaß der somatoformen Schmerzstörung, wie es sie auch bei der myalgischen Enzephalitis oder dem Müdigkeits-Syndrom vorkommt, und wo die Kranken fast ständig bettlägerig sind. Einiges von den üblichen Analgetika (Ibuprofen, Novalgin) oder Antineuralgika (Gabapentin) habe ich versucht, worüber ich später noch berichten werde. Vorerst kehre ich nochmals zu den unbewusst neuro-psychischen Vorgängen zurück, weil mir von daher die meiste Hilfe zukam. Ein bisschen psychoanalytisches Denken ist dazu nötig.

2. Ein umfassendes Konzept der Somatisierung

Ich gehe also weiterhin davon aus, dass nur *Es* selbst Kunde von der Somatisierung geben kann, *Es* selbst in jedem Einzelnen und nicht *Es* als theoretische These für alle. Das wirklich treibend, verlangend Wirkende sitzt in einem jeden selbst und nicht in der äußerlichen, erstarrten Realität. Lacan hat daher dieses eigentlich Wirkende einerseits in Form einer ‚ultrasubjektiven Ausstrahlung', eines Strahlens, beschrieben, das ich vereinfacht ein *Es Strahlt* nenne. Andererseits hat er vom Wort als einem *Es Spricht* referiert (Ça parle dans inconscient), Es spricht im Unbewussten), so dass sich die zwei Bereiche, das *Es Strahlt/Es Spricht* im Unbewussten, als das verstehen lassen, was in der Psychoanalyse auch als Schau- und Sprech-Trieb bezeichnet wird. Zwei Grundkräfte des Begehrens.

Erscheinungen, Strahlendes, kommen dem Menschen nicht nur von außen her zu, sondern auch von einem inneren Drängen, indem beispielsweise etwas Bestimmtes zu sehen begehrt wird. Doch „über das Auge", sagt Lacan, „triumphiert der Blick".[10] Im Sinne des inneren *Es Strahlt,* des erscheinenden, imaginären ‚sich sehend Machens' stellt der Blick ein psychisches Objekt dar, also etwas Manifestes, wenn auch nicht so physisch

---

[10] Lacan, J., Seminar XI, Die vier Grundbegriffe der Psychoanalyse, Walter Verlag (1980) S. 109

manifest wie das Auge. Dennoch ist *Es* als Schautrieb, als *Es Strahlt*, etwas Manifestes, ‚Objekthaftes', wie Lacan betont, das mit den Objekten außen zusammenhängt, beispielsweise in Form sich fixierender, durchdringender, begehrender oder gehemmter Blicke.

Das Gleiche gilt für das beim Menschen in Form des Sprechtriebs, des *Es Spricht* als eines ‚sich hörend Machens' eine genauso wesentliche Funktion einnimmt wie das des ‚sich sehend Machens'. Denn das *Es Spricht*, ist eine tödliche Angelegenheit, wenn es im Alltagsleben zur Misskommunikation, zur Lüge, zum Lamentieren und vielen anderen Verdrehungen genutzt wird. Beide Bereiche stellen eine manifeste Kraft dar, die seit ursprünglichsten Zeiten vorhanden ist.[11] Ausgangspunkt für das *Es Spricht* ist der innere ‚Ton', der ‚Laut', der als Widerhall-Effekt schon zwischen Mutter und Kind noch vor der Geburt eine wichtige Rolle spielt.[12] Die Psychoanalytikerin D. Birksted Breen konnte sogar nachweisen, dass beim Fehlen derartiger Widerhall-Vorkommnisse im frühen Kindesalter die Heranwachsenden nicht träumen können und psychische Schäden zeigen. Der betonte Sprachklang hat ebenso bedeutende Wirkung wie das inhaltlich Gesagte.

---

[11] Lacan, J., Seminar XI, Die vier Grundbegriffe der Psychoanalyse, Walter Verlag (1980) S. 202
[12] Maiello, S., Das Klang-Objekt, PSYCHE Nr. 2 (1999) S. 137-157

Mit Hilfe dieser Aspekte des *Es Strahlt-* und *Es Spricht*, des „sich sehend und hörend Machens", lässt sich ein grundlegendes und umfassendes Konzept erstellen, das für das Verständnis der somatoformen Schmerzstörung unerlässlich, aber auch verständlich und vereinfachend ist. Ob man als Anfang von Allem einen Gott samt Teufel zuständig macht oder einen Urknall samt Inflation des Universums, ist eigentlich egal. Man kann *Es* auch mit dem Eros als Organischem und dem Tod als Anorganischem beginnen lassen, wie Freud dies getan hat. Doch allen diesen Thesen fehlt das, was schon den philosophisch neugierigen Faust in Goethes Drama hat suchen lassen, nämlich erfahren zu können, „was die Welt im Innersten zusammenhält". Und das heißt, was vom Innersten heraus wirkt und nicht von einer Ursache her, die man von außen, vom Fassbaren, von dem mit den Sinnesorganen her Erfahrenen, benennen kann.

Ich erkläre dies oft mit den Aussagen des Theologen R. Scheule, der sich viel mit dem Tod – obwohl dieser bei diesen Post-Virus-Erkrankungen keine direkte Rolle spielt – beruflich beschäftigen musste, wie er in einem Interview sagte.[13] Das würde nicht heißen, dass er das Thema Tod souverän im Griff hätte, erklärte er. „Demnächst nicht mehr da zu sein irritiert mich", sagte er. „Was irritiert Sie daran?" fragte der Interviewer. „Vielleicht das, was uns alle umtreibt. Der Kontrollverlust.

---

[13] Scheule, R., Balbier, T., Der Gegenbegriff zum Tod ist nicht Leben, sondern Liebe, SZ vom 28.3.2024, S. R7

Ich habe das Wort ‚Tod‘, kenne den Tod aber nicht von innen“, war Scheules Fazit. Und genau das fand ich hinsichtlich der Thematik auch meines Buches eine perfekt zutreffende Einsicht. Sollten die Menschen nicht stets alles aus der Innensicht her sehen und direkt erfahren? Sollten sie nicht vor der existenziellen Triebkraft her, vom ‚sich sehend und hörend machen‘, vom Schau- und Sprechbegehren her, vom Drang nach Sicht und Wort her bestimmt sein?

Denn die Frage nach dem Ursächlichen, dem Kausalen, sinnlich Fassbaren wird meist zu knapp gestellt, es muss darin auch das Finale, das Werdende, das nur vom Innersten her Begreifbare, berücksichtigt sein, also das, was auch in der Funktion, im Wesen, im Bestimmten des ständig neu Entstehenden des Schmerzes bei der Somatisierung besteht. Auch in der Psychoanalyse fragt man nicht nur danach, wo etwas herkommt, sondern auch danach, was das Symptom, der Schmerz, einem sagen will. Dem *Es Strahlt* ist das *Es Spricht* fast vorgeschaltet, was bereits in die Richtung des Finalen, des Werdenden geht, aber die Mainstream-Forscher kümmern sich darum nicht. Sie reden immer nur selbst, sie lassen *Es* im Patienten nicht selbst zur Anschauung und zu Wort kommen. Das Werden, das früher einmal so wichtig war, als es noch Propheten gab, wird bei solch einer Krankheit wie der somatoformen Schmerzstörung wieder aktuell.

Man kann sich also bezüglich der somatoformen Schmerzstörung nicht nur auf etwas Kausales, Ursächliches vom Körperlichen und vom Psychischen her allein beziehen. Der Philosoph M. Foucault sprach diesbezüglich davon, dass man das menschliche Subjekt „nicht stets nur als gewordenes, sondern sich als frei entwerfendes" sehen muss.[14] Damit beziehe ich mich wieder auf das im Anfang des Buches Gesagte, dass es auch ein von frühen topologischen Strukturen, sozusagen wie von einer inneren Vision her, kontemplativ, meditativ, aus unbewusster Berechnung der Zukunft, aus einer Art von Selbstdeutung Herkommendes gibt. Dieses Werden im *Anderen*, aus der Andersheit von einem selbst heraus, wenn ich es so sagen darf, ist etwas Retroaktives, etwas, das sich erst um sich drehen und nach rückwärts wenden musste, um schließlich nach vorwärts werden zu können, kurios gesagt.

Möbiusband

Lacan hat dies immer mit projektiv geometrischen Figuren erklärt, wie zum Beispiel dem Möbiusband (Abb. oben), das nur eine Fläche, aber dennoch zwei Seiten hat. Geometrisch, topologisch, figur-dynamisch, muss man sich so ausdrücken, wenn man *Es* – beispielsweise im Gehirn – in seinem imaginären *Es Strahlt* als Begehren, als Trieb, exakt darstellen will. Derartige Strukturen sind im Wesen des Menschen auf körperlicher und

---

[14] Eilenberger, W., Geister der Gegenwart, Klett-Cotta (2024) S. 104

auch psychischer Ebene real, zum Beispiel im Immunsystem, wo es um sehr kleine, sogenannte Nanoantikör-
per geht, von denen ich später noch berichten will. Aber
auch für das symbolische *Es Spricht* ist eine derartige
Abbildung geeignet, man muss sich nur ein paar Buchstaben darauf gezeichnet vorstellen. Das ist nicht nur
der Schönheit wegen so, sondern das Werden als
sprachlicher Ausdruck hat die gleiche verdrehte Struktur, wie ich noch demonstrieren will.

Ich muss mich so kompliziert und scheinbar abwegig
ausdrücken, denn in der wissenschaftlichen Psychologie
und selbst auch in der klassischen Psychoanalyse kann
man den dem Kausalen, dem Ursächlichen, folgenden
Weg, in einen ihm umgekehrten, finalen Weg, nicht
ganz verstehen. Zu der Zeit, als es wie gesagt noch Propheten, prophetische Traumdeutungen und Weissagun-
gen gab, die ausdrücken konnten, was einem von woher
definitiv zukommt, zusteht, und Wirkung macht, anstatt
was nur ursächlich wirkt, schien alles verständlich.
Doch aus guten Gründen gibt es diesen Weg nicht mehr,
denn er hatte ja auch große Nachteile, wenn die Prophe-
zeiungen allzu negativ ausfielen, falsch lagen, und man
sich nicht dagegen wehren konnte.

Deswegen ist es vielleicht einfacher, das Ganze damit
zu erklären, dass dem Außen immer ein Innen korreliert,
denn woher sollte man etwas als Außen bezeichnen,
wenn nicht auch in einer Kombinatorik von einem inneren Standpunkt her. Der Vordergrund der Welt, das

Sein, ist nur von seinem Hintergrund her begreifbar, der das Nicht-Sein, das Werden ist – und so verhält *Es* sich im Inneren der somatoformen Schmerzstörung – als das eigentlich zu Begreifende, das eben vom scheinbar objektiven Außen her vielleicht verstanden, aber nicht voll erfasst, begriffen und Subjekt-Wesen werden kann. Subjekt heißt Unterstelltes, dem Innen, dem Unbewussten, dem Nicht-Sein und Retroaktiven Unterstelltes.

In der Psychoanalyse spricht man von einem Abwehrmechanismus, vom Widerstand gegen die Aufdeckung der Wahrheit, wenn *Es* diesen Punkt betrifft. Dieser Widerstand kommt vom Ich her. Das Finale, das Werden dagegen kann man nicht analysieren, man muss *Es* aus sich selbst herauskommen lassen, aber auch dagegen gibt es Widerstand, jetzt mehr vom Subjekt her. Auch Freud sprach bereits vom *Es*-Widerstand, sah darin aber speziell die psychische Ur-Verdrängung, Spaltung, Verwerfung, was also nicht weiter bearbeitet werden konnte. Bei den ursächlich psychischen ‚zonalen Objekten' – z. B. dem Oralen, der Mund- und Assimilierungslust – geht der Widerstand bezüglich der Behandlung vom Ich aus, der bearbeitet und überwunden werden kann, so dass die verdrängte Bedeutung zutage kommt und ins Leben integriert wird.

Der sogenannte *Es*-Widerstand kommt jedoch in ‚unverständlicher' Weise vom Subjekt her, und kann nicht so leicht aufgelöst und als das dahinterliegende nicht herkömmlich analysiert werden. Wie die naturwissenschaftlich diskutierten Virusreste in körperlichen Organen, zum Beispiel in den Wänden von Blutgefäßen, weiter vorhanden bleiben, bleibt bei der somatoformen Schmerzstörung das *Es* in seinem ihm eigenen Widerstand selbst stecken. Oder ist das nicht alles vielleicht doch zu einseitiges, zu hoch spezialisiertes BlaBla? Kann man es nicht einfacher sagen?

Ja, einerseits war Lacan überzeugt, dass „die Menschen eigentlich gar nicht wissen wollen, was mit ihnen los ist".[15] Sie tauschen sich aus, informieren sich ständig aus den verschiedensten Medien, gehen in Kurse und Therapien, suchen nach der Wahrheit; und doch kommt nichts heraus, weil sie die letztliche Wahrheit gar nicht so genau wissen wollen. Das würde freilich auch bedeuten, dass viele Menschen zwar versuchen, von ihrer somatoformen Krankheit geheilt zu werden, aber selbst nicht allzu viel dazu tun oder gar in entscheidendem Maße zur Heilung beitragen möchten. Aber es gibt andererseits für sie allein von außen her keine sehr hoffnungsvolle Perspektive, selbst wenn sie das großartige neue Buch des Philosophen B. C. Han über das Prinzip Hoffnung gelesen haben.[16] Denn für ihn steht die Hoffnung über allem, aber das tröstet einen Schmerzkranken nicht genügend. Es existiert kein definitives Wissen.

---

[15] Schneider-Harpprecht, U., Mit Symptomen leben, Münster Verlag (2000) S. 90 Zitat Lacan
[16] Han, B.-C., Der Geist der Hoffnung, Ullstein (2024)

Denn wenn es einem selbst passiert, dass man an einer derartigen Störung erkrankt ist, von der es keine wirkliche Kenntnis gibt, sieht es anders aus. Im Alter von etwa dreißig Jahren begann bei mir selbst sehr plötzlich diese Schmerzstörung, doch ich hatte sofort eine – zumindest vorläufige – Erklärung dafür und konnte aufgrund meiner Doppel-Beruflichkeit, Allgemeinmedizin und Psychoanalyse, gleich ein bisschen etwas in Richtung einer Behandlung tun. Ich entwickelte später sogar dahingehend – wie schon eingangs berichtet – ein therapeutisches Verfahren (*Analytische Psychokatharsis*). Diese Methode zielt genau auf das wirkende Werden und nicht so sehr auf das ursächliche Sein. Speziell deswegen schreibe ich ja hier davon. Doch langsam.

Ich habe diese Methode schon in den neunziger Jahren des letzten Jahrhunderts im Gasteig Kulturzentrum in München in mehreren Seminaren vorgetragen und Einführungsabende in meinen Praxisräumen durchgeführt. Dazu habe ich zahlreiche Bücher geschrieben, die nicht allzu viel gelesen wurden, und die auch noch weniger dazu verholfen haben, das Verfahren auch praktisch bei den Interessenten umzusetzen. Das heißt, ich habe einige Erfolge gesehen, aber häufig wurde die Methode nicht in ihrer Gänze und nicht allzu lange angewandt. Meine Erklärungen, die nicht meine eigene Erkrankung betrafen und sich nur auf allgemeine somatoforme Störungen und Neurosen bezogen, waren genauso wie die bisherigen Zeilen, die ich hier schreibe, nicht immer allzu gut verständlich. Doch dies ist das erste Buch, das Betroffene, aber auch Interessierte an der somatoformen Schmerzstörung, verstärkt ansprechen kann.

Das heißt in Kürze zusammengefasst: Durch eine Menge naturwissenschaftlicher medizinischer Erkenntnisse ist nicht geklärt, worum es sich bei der somatoformen Schmerzstörung (wie auch bei anderen ähnlichen Erkrankungen, Fatigue-Syndrom, Long Covid)) genau handelt. Zwar werden Linderungen an dieser Erkrankung durch Medikamente und Physiotherapie, sowie durch lange Klinik-, bzw. Reha-Aufenthalte erzielt, und es gibt auch immer wieder neue Versuche mehr alternativer Art, wie z. B. durch sogenannte ‚Blutwäsche', Besserungen zu erreichen. Die wildesten Spekulationen werden verbreitet, aber von wirklichen Erfolgen ist man noch weit entfernt.

Genauso wenig ist durch neuropsychologische oder herkömmliche, klassische psychoanalytische Zuschreibungen belegt, was von den ‚Objekten' des Begehrens in jedem Einzelnen als Eigenes für die Entstehung, Erklärung und Behandlung der Somatisierungs-Störungen ausschlaggebend sein soll. Im Gegenteil, Skepsis und sogar mitleidiges Lächeln begleiten die Erklärungen. Doch wenn man weiß, mit wie vielen Unwägbarkeiten der medizinische Alltag durchsetzt ist, kann man das meiste auch an solcher Kritik durchaus verstehen. Deswegen habe ich mich intensiv mit der Psychoanalyse Lacans beschäftigt, die über die klassischen Vorstellungen des Unbewussten hinausgeht, weil Lacan zwar die Sprache, das *Sprich*, als wichtigstes Medium für das seelische Werden betont, aber durch Bildhaftes, Topologisches, blicklich Luzides (der unbewusste ‚Strahltpunkt' des ‚sich sehend Machens'), das *Es Strahlt* ebenso hervorhebt. All das ist Kraft, Triebkraft, unausrottbares (?) Begehren, und insofern steht es dem Materiellen nicht nach und markiert so den Endpunkt zwischen Sicht und Wort.

Für Lacan ist das Wort, das Primärsprachliche, im Unbewussten, im *Es* also, so verdreht, verwickelt, dass er sich auf das Wesen der Signifikanten berufen musste, um *Es* zu erklären. Der Signifikant besteht nicht aus der Hülle und Fülle der Vokabeln, sondern aus dem Spiel der im Wort wirkenden und der toten Signifikanten, die leer sind, ohne Ausdruck. Und so ist der Mensch – wie die Italiener sagen – „fra due fuochi" (zwischen zwei Feuern) eingeklemmt. Er ist als Subjekt nur als ins Feuer des Begehrens Verwickeltes repräsentiert – in die Sprache, in das feurige *Es Spricht*-, aber auch nur ins *Es Strahlt* des Begehrens, müsste man genauer sagen, so dass die Sprache für die Kommunikation gar nicht so passend ist, wie man immer glaubt.[17]

Wie angekündigt stelle ich hier nochmals das Möbiusband als einen Beitrag zum rein f o r m a l *Es Strahlt*-

---

[17] Lacan, J., Seminar XXIV, Vortrag vom 8. 3. und 18. 4. 1977.

und *Es Spricht* – ich nenne es auch eine ‚kreuzsprachliche' Wirkung – dar. Die in dem fotografierten Modell
gezeigten Buchstaben können linear,
aber auch quer, durch die Seiten hindurch
gelesen werden, da ja Vorder- und Rück-
seite auf der gleichen Fläche liegen, also
wie über Kreuz angeordnet sind. Exakt so nämlich ist
auch, wie Lacan des Öfteren demonstriert hat, die
Sprachstruktur des Unbewussten aufgebaut, und so
fängt eben auch das normale Sprechen im Grunde genommen an oder überlagert sich so selbst in seinen Sig-
nifikanten-Ketten. Der einzelne Signifikant hat keine
Bedeutung, eine solche kommt – wie erwähnt – erst
durch die Kombinationen mehrerer zustande. Dies trifft
auch auf das ganz normale, übliche Sprechen zu.[18]

Nur die rein aufs F o r m a l e reduzierte Sprache, das
‚Kreuzsprachliche', in dem sich wirkender und toter
Signifikant gegenüberstehen, wird helfen, durch die
‚due fuochi' hindurchzukommen. Ich will also mit diesen Bemerkungen ein umfassendes Konzept stärken,
das für die beiden Seiten, der physischen und der psychischen, bezüglich der somatoformen Schmerzstörung, aber auch der Krankheiten überhaupt, eine

---

[18] Gamm, Nicht nichts, Studien zu einer Semantik des Unbestimmten, Suhrkamp (2000) S. 227. Der zeichenwissenschaftli-
che Autor ist ebenfalls der Ansicht, dass man ohnehin nichts mit
Bestimmtheit sagen kann, egal, von was man redet. Aber wenn
man das weiß, spricht man anders und hört man anders zu.

Grundlage sein kann, weil mir dies selbst geholfen hat. Mein Verfahren, das nicht weit über Lacan hinausgeht und ich noch weiter grundlegend erläutern will, wird das Manko der modernen Medizin auf der Ebene solcher Erkrankungen wie der somatoformen Schmerzstörung oder der ME/CFS jedoch verringern können. Dazu werden auch meine Erfahrungen als Arzt, Therapeut und selbst betroffener Patient wichtig sein, um aus fachlicher und eigener Beteiligung etwas darzulegen, das auch anderen mit gleicher oder ähnlicher Problematik helfen könnte.

Mir hat die somatoforme Schmerzstörung geradezu instruktiv vermittelt, ,zu wissen, was die Welt im Innersten zusammenhält' (wie schon von Goethe zitiert), und das heißt eben auch aus einem Bereich heraus, in den kein anderer hineinschauen kann. Gewiss kann man durch die Lupe der Naturwissenschaft einen Blick hinein tun, aber es ist einfach zu wenig, zu hilflos, zu sehr an Ursachen fixiert. Und auch aus der klassischen Psychoanalyse kann man etwas heraushören, aber erst durch Lacan kann man psychoanalytisch Wesentliches vermittelt bekommen, das ich als Baustein für das von mir entwickelte therapeutische Verfahren der *Analytische Psychokatharsis* verwenden konnte, und das ich – hoffentlich – hier vereinfacht vermitteln kann.

Lacans Konzept, das das Doppel-Begehren des Schau- und Sprechtriebs, des *Es Strahlt-* und *Es Spricht*, mittels der Psychoanalyse Freuds und zusätzlich mit Hilfe der

Sprachwissenschaft erklärt, besitzt das geforderte Umfassende, Übergreifende, das den heutigen Einzelwissenschaften zunehmend fehlt. Sie vertiefen sich nur noch in ihre eigene Sicht, die zwar wertvoll ist, aber für das Verständnis und gar für eine Behandlung der somatoformen Schmerzstörung nicht ausreicht. Mir hat Lacans Konzept geholfen, so dass ich Eigenes entwickeln konnte und beinahe sagen möchte: Ich sehe meine Somatisierungsstörung nicht nur negativ, denn sie weiß oft mehr von mir als ich selbst. Ich behandle sie, aber ich betäube sie nicht, schalte sie nicht vollkommen aus, bringe sie aber dazu – auch wenn das jetzt noch sehr kurios und übertrieben klingt – mit mir zu sprechen.

Wem das wissenschaftliche Blabla, wie ich es vorhin nannte, zu viel ist, kann selbstverständlich das von mir entwickelte therapeutische Verfahren anhand einfacher Erklärungen im Anhang nachlesen. Es ist daraus unkompliziert zu erlernen, denn es besteht nur aus zwei Übungen, die ohne große Schwierigkeiten zu verstehen und anzuwenden sind. Die wissenschaftlich orientierten Texte muss ich lediglich dafür schreiben, dass man mir glaubt, und weil heutzutage eben eine Wissenschafts-Kultur besteht, der man Genüge tun muss, weil blinder Glaube an einen Weisheitslehrer zu Recht keine Geltung mehr hat. Aber die bestehenden Wissenschaften stellen ebenfalls ein Problem dar, sie sind in Sackgassen stecken geblieben, weshalb ja eine Erweiterung durch eine Wissenschaft v o m Subjekt, wie sie Lacan erstellt hat, notwendig ist.

Der Philosoph G. F. W. Hegel repräsentierte noch eine gewisse Größe in den Geisteswissenschaften, auch wenn Freud und mit ihm Lacan die Philosophen grundsätzlich als „sublime Hysteriker" bezeichneten. Sie würden wie der Baron Münchhausen einfach alles am Schopf ihres Ichs, aus dem Sumpf ihrer Vorstellungen, ihrer weit ausufernden Gedankenkomplexe, ihrer Eigenheiten, herausholen, was die Psychoanalytiker eben eine Art der Selbstbefriedigung nennen. Nicht viel anders ergeht es den Naturwissenschaftlern, die zwar zu enormen Erfolgen in der Technik geführt haben, aber wirkliche Fortschritte in den wissenschaftlichen Grundlagen, im für den Menschen Wesentlichen, haben sie nicht mehr hervorgebracht. Sollte wirklich einmal die Quanten-Gravitation (die Physik des ganz Kleinen und die des ganz Großen) formuliert werden, so wird dies in einer Fachsprache vermittelt sein, die ein paar Fachleuten genügt, aber für die Allgemeinheit eben keinen Fortschritt darstellt.

So ähnlich würde es auch einem Medikament ergehen, das rein molekular-mechanisch eine Wirkung auf die somatoforme Schmerzstörung hätte. Trotzdem wäre dies eine große Erleichterung, wenn auch keine Heilung. Eine fundierte Wissenschaft v o m Subjekt ist also gefragt, und sie muss noch etwas über die Psychoanalyse hinausgehen, die nämlich nur die in Form der genannten psychisch ‚zonalen' Objekte (fixiert psychischer Zustände) die so repräsentierten Komplexe erfassen kann. Das von ihnen selbst so genannte Nicht-Repräsentierte versucht man durch Konstruktionen, also mit noch ein bisschen Erfundenem, nachzubessern.[19] Schon Freud benutzte dieses Vorgehen, und bis heute gibt es keine Methode, dieses psychisch Nicht-Repräsentierte im Rahmen der psychoanalytisch vorgegebenen Richtlinien zu bearbeiten und zu deuten. Ich will versuchen, es nachzuholen, indem ich den analytischen Teil der Behandlungsmethode mit einem meditativen, verbunden mit dem Konzept Lacans, verbinde.

Im Zentrum meiner Überlegungen wird eine therapeutische Methode stehen, mittels derer man – im Zusammenhang mit dem eigenen Unbewussten – in ein Gespräch mit sich selbst kommen kann. Das Unbewusste ist nämlich aufgebaut w i e eine Sprache, und zwar die des *Anderen* in einem selbst – was nicht heißt des Fremden, denn das wäre schizophren – aber eben die der *anderen,* unbewussten Seite in einem selbst. Vielleicht sollte man sagen: in eine bestimmte Art von Gespräch,

---

[19] Als Beispiel für ein psychisch zonales ‚Objekt' wähle ich wieder das orale Objekt, das Objekt der Mund- und Assimilierungs-Lust. Es hat nichts mit der Nahrungsaufnahme zu tun, sondern mit dem, was im Zusammenhang damit in dieser Region durch Berührung und Reizung an psychischer Erfahrung und weiterer Berührungslust entsteht: eine Art von oraler Sucht bzw. Fixierung.

denn den meisten Menschen wird es wohl fremd und seltsam vorkommen, was ein Gespräch mit sich als unbewusst *Anderem* bedeuten soll. Ich werde noch vom Literatur-Nobelpreisträger P. Handke berichten, der so etwas unter dem Begriff des ‚unwillkürlichen Selbstgesprächs' beschrieb. Er höre manchmal ganz ungewollt Gedanken in sich, die er dann für sein Schreiben nutzt. Dies ist nichts so massiv Besonderes, im Traum spricht man oft in dieser Weise mit sich selbst, ohne dass dies absichtlich gewollt oder gar bewusst vor sich ginge wie bei einer normalen Unterhaltung.

In gleicher Weise hat auch der Heilige Augustinus Selbstgespräche geführt, die nicht bewusste, oberflächlich profane Unterhaltungen waren, sondern durch meditative Übungen angeregte und genauso wie bei Handke plötzlich aus dem Inneren auftretende Äußerungen waren.[20] Augustinus schreibt, dass er nicht wisse, ob „der Redende körperlich oder unsterblich sei, aber was er denke sei wahr und wissbar". Er sei nicht Gott, bilde aber dennoch den Bezugspunkt seiner Bemerkungen. Es geht auf jeden Fall um mehr als nur ein Denken, eine Vorstellung, eine Überzeugung oder eine intuitive Gewissheit. Doch ist es sicherlich mehr als die meisten Gespräche mit den Mitmenschen, die man so alltäglich führt.

---

[20] Aurelius Augustinus, Selbstgespräche, Tusculum (1989)

Sicher kommen im psychoanalytischen Gespräch Sätze zustande, in denen unwillkürlich entstandene Gedanken eine bedeutende Aussage zutage fördern, doch müssen sie nicht unbedingt aus großer seelischer Tiefe hergekommen sein, denn diese Arbeit erledigt die sicher beweiskräftigere Interpretation des Therapeuten oder die Deutung des Patienten mit ihm zusammen. Bei der von mir erstellten Methode wird also eine derartige Deutung gefördert und bezweckt. Dazu ist allerdings ein rein sprachlich und total f o r m a l e s Instrument notwendig, ein ‚Schlüsselelement', über das ich ebenfalls noch ausführlich berichten will. Auf jeden Fall brachte es mich dazu, damit auch Krankheiten zu behandeln, vor allem solche wie die somatoforme Schmerzstörung oder andere Post-Virus-Erkrankungen.

3. Diagnose

Um eine Diagnose zu stellen, muss man zuerst eine Anamnese erheben, also eine Geschichte über Beginn und Form der Krankheit erzählen. Ich erlitt als zweijähriges Kind ein ziemlich ausgeprägtes ‚Durchgangssyndrom' (auch postoperatives Delir genannt). Das ist eine psycho-physische Störung nach einer zu langen Operation und/oder einer zu schwierigen Narkose, die auch heutzutage noch bei über dreißig Prozent aller größeren Eingriffe auftritt. Nun waren damals (1943) noch keine so guten Narkosemittel bekannt, denn während heute dieses Syndrom meist folgenlos bleibt, war das zum Zeitpunkt meiner Operation nicht so sicher. Es ging um eine Leistenhernie – an und für sich keine große Operation –, aber die Chirurgen dachten sich, die Möglichkeit, dabei zusätzlich den Blinddarm herauszunehmen, wäre eine Chance, die sich zu Übungszwecken bei so kleinen Patienten selten bietet.

Doch sie haben die Sache falsch eingeschätzt, die Narkose dauerte zu lange. Die OP-Schwester sagte zu meiner Mutter: „S'wär schad' g'wesen ums Büberl", und so war ich zweieinhalb Tage kaum halb wach und vollkommen durcheinander, schlug den Kopf hin und her und die Beine so gegeneinander, dass ich jahrzehntelang noch die Narben von den großen, wundgeschlagenen Stellen an den Fersen sehen konnte. Ich habe wohl alles schadlos überstanden, aber ich führte später gewisse psychische Störungen und auch körperliche Beschaffenheiten lange auf dieses Ereignis zurück. Natürlich kann ich mich selbst nicht daran erinnern, aber meine Mutter hat es mir genau erzählt. Sie blieb auch bei mir zwei Tage in der Klinik, nahm mich nach Hause und tat sicher alles, was man helfend tun konnte. Insgesamt möchte ich irgendwelche Folgen dieses Traumas gar nicht groß herausstellen. Aber das Charakteristikum eines Traumas erfüllt dieses Geschehen vielleicht doch und gilt, wie zitiert, ja auch als typisch für die Vorgeschichte der somatoformen Schmerzstörung.

Ich erinnere an die Schilderungen der Fachleute im ersten Kapitel, die frühkindliche Schädigungen beim Auftreten der somatoformen Schmerzstörung häufig eruiert hatten. Es mag also sein, dass daran etwas dran ist. Ich war jedenfalls ein ängstliches Kind, habe aber in der Folgezeit eine glückliche Kindheit gehabt, war kein schlechter Schüler und war ein begeisterter Zeichner und Maler. Ich konnte mir in der Phantasie alles so vorstellen, als sei es wirklich, das heißt sehr plastisch, authentisch und fast zu lebhaft. Aber hinsichtlich der pubertären Phantasien, die man als männlicher Jugendlicher so hat, war das nicht so von Vorteil. In der psychoanalytischen Ausbildung, die ich noch während meiner ersten klinischen Tätigkeit begann, ließ sich nämlich nichts mehr verleugnen.

Erst da lernte ich, dass Phantasien zu haben kein Problem ist, aber sie intensiv zu genießen, verursacht eine

Neurose, und vielleicht war das auch noch bei mir ein wenig der Fall. Schon Goethe hat dieses Problem in seinem Zauberlehrling dichterisch ausgedrückt, als er diese Lehrlingsfigur nach einem Malheur ausrufen ließ: „Herr und Meister, die ich rief die Geister, werd' ich nicht mehr los"! In seinem Übermut hatte der Lehrling sich einen phantasierten Zauberbesen geschaffen, der nicht mehr kehrte, dafür aber das Wasser für ein wonniges Bad in der Wanne heranschleppte und damit nicht aufhörte, die Wanne also überlief und alles überflutete. Von einer Inflation, einer Überflutung des Unbewussten spricht man daher in der Psychoanalyse hinsichtlich der Neurose, wenn man wie der Zauberlehrling zu viele Geister, zu viele Phantasien hat und sie genussvoll auslebt. So muss man alles eingestehen, was man jemals gedacht und lustvoll phantasiert hat, und von dem man nicht weiter überflutet werden soll.

Alles zu sagen, was einem gerade einfällt, gilt als sogenannte Grundregel in der Psychoanalyse. Da kam man um kein Geständnis herum, auch wenn dieses erst in langen Gesprächen aus einem herausgekitzelt werden musste. Im psychisch Unbewussten, in der Tiefenseele, sitzen hauptsächlich Phrasen, sagt Lacan, und zwar „ultrareduzierte Phrasen", solche also, die kaum zu verstehen sind und die man eben entziffern muss. Besser als Unbewusstes zu genießen, ist es also, davon ehrlich zu reden. Reden ist ein total anderes Niveau des *Es* als das Sein, aber ihm völlig gleichwertig. In der Psychoanalyse lernt man, dass man durch und durch erotisiert ist, aber auch aggressive Tendenzen kommen zur Sprache. So dachte ich während der besagten Lehranalyse auch einmal, dass ich mehr als dreißig Stunden für die Ausbildung gar nicht benötigen würde, hielt diesen Satz aber dummerweise zurück. Gottseidank hat mir mein Lehrtherapeut auch ohne diesen Satz bei anderen Gelegenheiten gedeutet, dass ich ihn von seinem Sockel herunterstoßen, ihn also wie Ödipus seinen Vater umbringen wollte. Und klar, mit dreißig Stunden funktioniert die Ausbildung nicht, ihm das zu sagen, wäre erneut ein Affront gewesen, aber er hätte ihn verstanden und gedeutet. Auch weil ich zum Beispiel zweimal zu spät kam, warf er mir solche eine Deutung vor.

Die Lehranalyse verhinderte allerdings auch nicht, dass ich mir die somatoforme Schmerzstörung zuzog, und besserte sie auch nicht. Vielleicht kam die Therapie zu spät, vielleicht reichte sie nicht aus, nicht einmal dazu, deutliche Linderung zu bringen. Ich war damals schon als Arzt in einer Herz-Kreislauf-Klinik tätig und hatte mit Kollegen drei-, viermal einen Versuch mit LSD gemacht. LSD ist ein Halluzinogen, stärker als Cannabis, und man hat das Gefühl, tief ins seelisch Unbewusste einzudringen, innere Bilder zu sehen, die Außenwelt intensiver, leuchtender, veränderter wahrzunehmen. Man glaubte, das Unbewusste in seiner totalen Fülle zu erkennen, ohne deswegen verstört, krank oder gar psychotisch zu sein. Trotzdem könnte die Substanz vielleicht mit ein Auslöser für die somatoforme Schmerzstörung bei mir gewesen sein.

Allerdings waren nach der letzten Einnahme zwei Wochen vergangen, als ich in meinem Zimmer schnell aufstand, um ein Fenster zu öffnen, und einen heftigen Laut in meinem Kopf wahrnahm und einen Moment durch einen leichten Schmerz wie benommen war. Das war kein Schlaganfall, das wusste ich sogleich, der verläuft geräuschlos und man spürt eine Lähmung. Aber ich konnte alles bewegen und bemerkte dann auch den bei mir sich später mehr und mehr entwickelnden Kopf- und Kiefer-Schmerz, für den es keine erkennbare Ursache gab. Auch konnte ich klar denken, wusste aber auch unmittelbar, dass es ernst ist, dass ich getroffen war, mehr als durch den sogenannten Ernst des Lebens, von dem ich meinte, ich hätte ihn doch schon längst erfasst: Beruf, Klinikalltag morgens bis abends, Wohnungssuche, bevorstehende Heirat und Familiengründung und anderes mehr. Irgendwie fühlte ich mich ernsthaft getroffen, und es schien alles irgendwie unglaublich.

Das Gefühl, das mir im Wesentlichen weiter Beschwerden machte, war die Folge dieses unguten Ereignisses in Form eines wie von irgendwoher kommenden Schmerz-Geschehens und des am Anfang wie von einem übergeordneten System her zu spürenden Urteils: Jetzt bist du gemeint, jetzt bist du dran, von Millionen jetzt du, und es bestand auch aus der sofortigen Gewissheit: Das wird nie mehr ganz vergehen, da wird immer etwas bleiben, ein dumpfer Schmerz. Wie oft bei schrecklichen Dingen, wo die Menschen manchmal im Schreck ganz benommen verharren, fast im selben Moment aber gleichgültig wirken, besaß auch ich in diesem Moment die Gelassenheit des ahnungslosen Überwältigten. Ich bin mir aber im Klaren, dass nicht viele somatoform Schmerzgestörte einen derartigen und so mehr psychisch-dramatischen Krankheitsbeginn aufweisen. Bei den meisten beginnt der Schmerz allmählich, bleibt aber dann hartnäckig, so wie es auch mir erging.

Auf der anderen Seite hatte ich während der fünfundvierzig Jahre, die ich als Arzt tätig war, häufig von Patienten bei den verschiedensten Erkrankungen den Satz gehört: „Warum muss mich jetzt diese Krankheit treffen, ich habe doch nichts Falsches getan? Warum jetzt gerade mich?" Es handelt sich offensichtlich um die schreckliche Erfahrung der völligen Hilflosigkeit im Leben, die auch mit der totalen Hinfälligkeit und eventuell auch mit dem Gedanken an den Tod zu tun hat. Jedenfalls hatte der Schmerz einen zudem etwa quälenden Charakter, von dem ich auch bei zwei weiteren Patienten in meiner eigenen Praxis gehört habe. Der Schmerzcharakter ist aber bei jedem ganz unterschiedlich.

In der psychoanalytischen Ausbildung stand ich damals noch am Anfang, und medizinisch wusste ich wenigstens, was der Schreck, der Schmerz, die Bedrückung

n i c h t sein konnte. Ich wusste, dass es nichts Lebens-
gefährliches war, auch nichts neurologisch Bedrohli-
ches. Ich konnte weiterhin das Denken ordnen, formal
und inhaltlich – wie man im Fachjargon sagt – war es
klar, nur grundsätzlich stimmte etwas nicht so ganz und
störte durch einen Spannungsschmerz. Schnell
herrschte bei mir der Gedanke vor: vorerst einmal nichts
tun, mal sehen, wie ich damit zu Rande komme, ich war
schließlich durch die Schmerzstörung nicht körperlich
behindert und nicht geistig krank. Es war nur irgendetwas Entscheidendes passiert, das mich zum deutlich betroffenen Gestörten machte. In der Folgezeit bestand
weiterhin eine leichte Benommenheit und es trat eine
Entwicklung von Kopf- und Kieferschmerzen weiter
nach unten hin auf.

Die meisten somatoform Schmerz-Gestörten haben
nicht so viele psychische Begleitsymptome, aber man
konnte mir nichts ansehen – und ich ließ mir auch nichts
anmerken. Vielleicht hat diese Form der Erkrankung
mir ermöglicht, von vornherein selbstkritisch mit ihr
umzugehen. Im Laufe von Wochen und Monaten wurden die Symptome etwas leichter, der eher quälende als
nur ein typisches Weh erzeugende Schmerz im Kopf-
und Kiefer-Bereich blieb jedoch unverändert. Trotzdem
hatte ich Monate später den Gedanken: Auch wenn ich
nicht weiß, was eigentlich vorgefallen ist, ich werde das
aushalten können, auch wenn es lebenslang dauert. Ich

wollte das Ganze nicht wahrhaben. Aber ich konnte es aushalten.

Denn ich konnte das Geschehen medizinisch in etwa einordnen, und das half mir gegenüber anderen Patienten, die damit sofort zum Arzt gelaufen wären und sich dort auf die ganzen Umstände einer Diagnosefindung eingelassen hätten, was einen auch in eine ungewollte Richtung führen kann. Mir kam der Gedanke, die Beschwerden aushalten zu können, so spontan, schon auch deswegen, weil ich weiterhin kein großes Aufsehen davon machen wollte. Was sollte jemand anderer damit anfangen, dass ich Schmerzen hatte, die man nicht weiter klären kann? Mit der Zeit gewöhnte ich mich auch daran, mit diesem ständigen Gefühl des leicht quälenden und schmerzhaften Gehemmt-Seins zu leben, wenn auch nur bis zu einem gewissen Grad, denn manchmal deprimierte es mich doch.

Medikamente nehmen, kam für mich vorerst nicht infrage, denn ich rechnete damit, die Sache anderweitig noch besser in den Griff zu bekommen. Wie sich die somatoforme Störung grundsätzlich äußert, habe ich oben schon ein paar Fachleute sagen lassen. In meinem Fall stellte sich nach ein, zwei Jahren ein Zustand ein, der mehr einem Spannungs-Schmerz glich, der sich vorwiegend im Stirn- und Oberkiefer-Bereich zusammenzog. Manchmal strahlte ein kurzer Schmerz auch in den Körper oder in ein Bein hin aus. Es ging also eher um etwas leicht quälend Schmerzhaftes, um etwas Neuropathisches, von dem ich wusste, dass es das Leben nicht im Geringsten verkürzen könne, aber im Hintergrund bleiben würde, was sich jedoch sicher noch bessern ließe.

Der Druck, die schmerzhafte Spannung, ließ zwar nie völlig nach, ließ sich aber meistens durch Ablenkung, verschiedene Tätigkeiten, auch Emotionen, soziale Aktionen und in Gesprächen übertünchen und zeitweise vergessen machen. Ich konnte allem, was ich wollte, fühlte, begehrte, dachte und tat, ohne größere Einschränkungen nachkommen, aber speziell in Momenten der Ruhe oder nach Stress und bei Langeweile suchte sich die Störung wie ein schlaues Tier, wie ein Kenner der Situation, Momente und Phasen der Kränkung, der Belastung und der schmerzenden Quälerei. Trotzdem half mir in den ersten Monaten, dass ich mir von meinen medizinischen und psychologischen Kenntnissen her sicher war, dass es sich um ein Ereignis dieser somatoformen Erkrankungen handelte. Ich hatte kaum Müdigkeit, wie sie bei CFS vorkommt, und in den geschilderten anderen Symptomen kann man vielleicht ein bisschen etwas von einer ME erkennen.

Erst jetzt wusste ich, was Freud gemeint hat, als er sagte, dass „das Ich ein körperliches ist", das man körperhaft spüren kann, vor allem wenn man krank ist. Dennoch ermunterte mich die somatoforme Schmerzstörung, ein eigenes Therapieverfahren zu entwickeln. Ja, das war vielleicht sogar die stärkste Bewältigungs-Motivation, die ich der Erkrankung gegenüber hatte. Nur so, dachte ich mir, kann man überhaupt darauf kommen, wie mit ihr am besten umgehen und sie etwa selbst beseitigen könnte. Nur sachliche Bezüge von und zu anderen, auch zu Fachleuten allein, würden nicht ausreichen, die Krankheit zu begreifen und zu beeinflussen.

Ich war zum Zeitpunkt des Beginns der Schmerzstörung mit etwa dreißig Jahren noch in verschiedenen Kliniken tätig und also bereits in psychoanalytischer Ausbildung, und auch zu meinem Lehranalytiker sprach ich nur wenig von den Schmerzen. Er konnte dazu nicht viel sagen und es hätte ihm und mir auch nichts gebracht, darüber ausführlich zu reden, und so hätte er auch eher eine Abklärung beim Neurologen empfohlen. Doch dort, an der neurologischen Universitätsklinik in München, war ich selbst zwei Jahre später als Assistenzarzt tätig, und konnte erleben, dass man von der somatoformen Schmerzstörung nichts wusste. Man sprach damals von einer lavierten (verkörperlichten) Depression.

Ich blieb vier Jahre in den lehranalytischen Sitzungen und schloss vier Jahre später meine Ausbildung ab. Ich war bereits bei der Aufnahme in die Ausbildung, bei der man eine Testung bei mehreren Lehrveranstaltern durchlaufen musste, durch die Schmerzerkrankung nicht so ganz selbstsicher gewesen, doch ich dachte mir immer, es kann doch nur gut sein, wenn man selbst nicht ganz konfliktfrei ist, soll man doch an sich selbst erfahren, wie sich das anfühlt, was genau psycho-dynamisch dahintersteckt, und wie man damit umgehen kann. Aber weit gefehlt! Man riet mir nicht gleich zur Lehranalyse, sondern erst einmal zu mehr oder weniger vorgezogenen orientierenden psychoanalytischen Sitzungen. Doch der Analytiker, zu dem ich gelangte, war selbst Lehranalytiker des Instituts und scherte sich nicht um irgendwelche Empfehlungen von Institutskollegen und nahm mich zur Lehranalyse an.

Es war damals schon bekannt und wurde in Fachkreisen diskutiert, dass Institutsleitungen zur psychoanalytischen Ausbildung nur konservative, angepasste Zeitgenossen, sogenannte ,Normopathen', zulassen (Bird, 1986), und dass sie so die `dull normals' (Kernberg,1984) fördern, die Stumpf- und Stinknormalen, die im Wesentlichen die Annehmlichkeiten der ökonomischen und sozialen Privilegien des gehobenen Mittelstandes im Auge haben".[21] Wie der Psychoanalytiker D. Tuckett und der Institutsleiter H. Thomä bemerkte, wurde die Lehranalyse in den letzten Jahrzehnten immer mehr zur Superanalyse (Supertherapie) hochstilisiert.[22] Die Institute entwickelten sich – wie Lacan sie nannte – zu Geheimgesellschaften a la Freimaurer.[23] Ich will jedoch nicht weiter damit langweilen.

---

[21] Cremerius, J., Vom Handwerk des Psychoanalytikers, frommann-holzboog (1990)
[22] Tuckett, D., Does anything go? Towards a framework for the more transparent assessment, Int J Psychoanal 86 (2005)
[23] Thomä, H., Psyche Nr. 2 (1992) S. 115 -144

Auf jeden Fall wurde meine somatoforme Störung von meiner psychoanalytischen Ausbildung nicht beeinflusst und umgekehrt konnte ich später analytische Psychotherapien unbeeinflusst davon durchführen. Eher ließ sich die Psychoanalyse, wie sie speziell von Lacan konzipiert wurde, in deren Kern sprachliche in Kombination mit topologischen Phänomenen eine entscheidende Rolle spielen, im Gegensatz zur herkömmlichen Freud'schen Methodik, als Einsatz in der Behandlung der somatoformen Störung vorstellen. Unter Topologie wird die dehnbare Einstein'sche Geometrie verstanden, in der die Winkelsumme eines Dreiecks auch mehr oder weniger als 180 Grad betragen kann.

Jedenfalls spiegeln – wie erwähnt – die in sich zurückgekrümmten topologischen Strukturen treffend die ‚libidinösen Bahnen' (Freud) des Doppel-Begehrens der Krankheit wider, und bekommen im Zusammenhang mit sprachlichen Strukturen eine besondere Dynamik im körperhaften und psychischen Bereich. Seelische Strebungen in Form der Libido, der erotisch-dynamischen Energie, bewegen sich im Unbewussten entlang solcher Strukturen, wie ich sie bereits mit dem Möbiusband demonstriert und erklärt habe. Man kann sich auch vorstellen, dass das Gehirn in Verbindung mit der unbewussten Psyche derartige in sich selbst verknotete Strukturen aufweist, und damit selbst das Denken ein topologisches, ein in sich gekrümmtes Vorgehen ent-, hält, das für Freud ja – wie erwähnt – Selbstbefriedigungs-Charakter hat. Man muss das mit einem starken ‚Hintenherum' verstehen, was am ehesten mit dem Begriff der Hypochondrie gelingt.

Die Hypochondrie ist eine Krankheit, der Hypochonder erfindet seine Beschwerden nicht. Aber im Gegensatz zum Neurotiker, der – wie ich selbst – seine Begehrens-Energien in Phantasmen umsetzt, setzt sie der Hypochonder in körperlichen Strukturen um. Das heißt nicht, dass ME/CSF und somatisierte Schmerzstörung eine Art von Hypochondrie sind. Aber ein klein wenig stimmt es, ich konnte es manchmal an mir selbst bemerken. Ich sage das auch nur, weil ich schwerpunktmäßig – wie inzwischen wohl klar geworden ist – die psychische Seite (auch wegen des Mangels an geeigneten Medikamenten für die körperliche Seite) ein bisschen zu bevorzugen scheine. Doch dahinter steht ja auch ein generell übergreifender, wissenschaftlicher Anspruch, der naturwissenschaftlich nicht möglich ist.

Nicht umsonst heißt es, dass man von sehr komplexen philosophischen oder mathematischen Beschreibungen, aber auch vom alltäglichen Stress in Familie und Beruf schwindelig werden und es einen also den Kopf wortwörtlich verdrehen kann. Etwas gedanklich falsch auszudrücken, geht ja noch, aber von etwas gefühlshaft, erfahrungsmäßig und im Empfinden wie verdreht und verknotet betroffen zu sein, ist wahrhaft problematisch. Ich beschäftigte mich anfänglich intensiv damit, weil mir schnell klar war, dass die herkömmliche

Psychoanalyse wenig zur Behandlung von Somatisierungsstörungen beitragen kann, auch wenn in dem oben angeführten Beitrag der Oberhof-Kliniken von dieser Therapie viel gesprochen wird. Was die Oberhof-Kliniken sagen, hört sich theoretisch gut an, aber von weitgehenden Behandlungserfolgen wird nicht berichtet.

Nun ist es ebenfalls nicht einfach, Lacans linguistisch-topologische Psychoanalyse, die zudem haufenweise diese topologischen Verschachtelungen enthält, als vorteilhaft für die Erklärung der somatoformen Schmerzstörung zu sehen, wie ich das zum Teil versuche. Denn trotz ihrer eindrucksvollen Beschreibung als Figuren dynamisch wirkender und unbewusster Seelenzustände und ‚libidinöser Bahnen' wird auch sie allein nicht in die komplexen Höhen oder Tiefen des Unbewussten und des ihm nahen Körperlichen, um die es bei so stark somatisierten Problemen geht, praktisch eingreifen können. Dazu müsste man anhand der psychisch erinnerten Erfahrungen, Gefühle, Träume und ‚freien Assoziationen' an die Zustände direkt herankommen, die eine so sehr somatisierte, also verkörperlichte, schmerzbetonte Erkrankung ausmachen. Mit den Begriffen vom *Es* und dem *Es*-Widerstand habe ich bereits auf die Schwierigkeiten hingewiesen, dass die herkömmliche Psychoanalyse dieses nicht repräsentierbar Psychische auch nicht analysieren kann.

Man kann Widerstände gegen die Offenlegung der unbewussten Wahrheiten, die vom Ich oder den psychischen Objekten ausgehen, bearbeiten und lösen, aber die enge, unbewusste Verbindung von Schmerz und Psyche ist nicht in einer Form repräsentiert, in der man sie erkennen, ergreifen, durchschauen und analytisch bearbeiten könnte. Da das vorerst also auch für mich nicht erreichbar war, suchte ich nach anderen therapeutischen Methoden. In der besagten Herz-Kreislauf-Klinik, in der ich damals arbeitete, traf ich auf eine Kollegin, die mir von einem Meditationsverfahren erzählte, das sie wegen Angst- und Depressionserfahrungen mit Erfolg anwandte. Ich beschloss, dieses Verfahren zu erlernen, von dem ich später annehmen konnte, dass ich es mit psychoanalytischen Grundlagen à la Lacan verbinden könnte.

Die Verknüpfung mit Lacan erschien mir notwendig, erstens, weil sie über die klassische, herkömmlich begrenzte Psychoanalyse durch seinen Bezug zur Sprachwissenschaft und zur Topologie hinausgehen würde, zweitens, weil mir das genannte Meditations-Verfahren seriös und fundiert erschien und von dem Meditationslehrer kam, der auch die in den siebziger Jahren des letzten Jahrhunderts in Indien regierende Ministerpräsidentin Indiens, Indira Gandhi, betreute. Es klingt jetzt freilich etwas abenteuerlich, wenn ich mich als Arzt beschreibe, der selbst die somatoforme Krankheit hat, die Fachmeinungen dazu zitiert, dann wieder Eigenes zu unterschiedlichen psychoanalytischen Therapien und zu

Lacan, und jetzt auch noch zu einer aus Indien stammenden Meditationsform aufs Tapet bringt.

Dazu kommt noch, dass der Bezug zu Indira Gandhi
vielleicht etwas effektheischend ausgefallen ist. Aber
ich konnte mich mit Hilfe der Kollegin zudem über die
Methode ausreichend belesen und ließ mich von ihren
Schilderungen überzeugen. Sie selbst hatte aus ähnlichen Gründen wie ich mit der Meditation angefangen
und von einer deutlichen Verbesserung ihrer Beschwerden berichtet. Aber das kennt man ja: Je magischer, spi-
ritueller, esoterischer eine Methode ist, desto mehr wird
sie schwärmerisch gelobt. Wissenschaftliches wird
nicht hinterfragt, doch die Kollegin hatte mehr klinische
Ausbildung absolviert als ich und war kritisch einge-
stellt. Die genannte Meditation des Yogalehrers Kirpal
Singh mit dem Namen ‚Surat Shabd Yoga‘, was heißt:
meditativer ‚Yoga des Wortes‘, hatte bei mir jedenfalls
gleich eine gute Wirkung gezeigt.

Dabei stand ich meditativen Verfahren durchaus skep-
tisch gegenüber. Ein mehrseitiger Artikel in der Süd-
deutschen Zeitung berichtete vor Kurzem über die oft
unterschätzten und zum Teil massiven Nebenwirkungen
von Meditationen.[24] Allerdings wurden diese meist
ziemlich unkritisch angewandt und waren schon gar
nicht mit einem wissenschaftlichen Ansatz begründet

---

[24] Schmitz, T., Über Risiken und Nebenwirkungen [dass Meditation auch krank machen kann], SZ vom 14./15. 9. 24. S. 11-13

worden. Letzteres war beim ‚Surat Shabd Yoga' zwar auch nicht anders. Doch die Methodik war seriös aufgebaut und ich konnte später eine veränderte Version entwickeln, die sich ganz speziell durch die Psychoanalyse Lacans stützen ließ und damit Wissenschafts-Charakter bekam, wie ich noch darstellen will.

Zwar nicht sofort, doch schon nach einiger Zeit erlebte ich einige Male bei der Meditation etwas, das wohl die meisten Menschen als ein körperhaftes ‚Durchrieseln', Durchprickeln, empfinden, wie man es nach einem bewegenden Musikstück kennt, wenn es einem so unmittelbar huschelig-prickelnd den Rücken herunterrinnt. Auch wenn das Entspannende und das die Innensicht fördernde in einer Meditation entscheidender sind, war dieser direkte Körperbezug, diese Regung im Körperbild, doch wichtig und gerade für die Somatisierungsstörung eindrucksvoll. Meine Schilderungen zur somatoformen Schmerzstörung sind ja voll von psychoanalytischer Wissenschaft, doch mit dieser körperhaften Erfahrung kommt auch der Körper deutlich zum Zug, und das war entscheidend. Doch ist dies nicht das einzige Beispiel für eine derartige körperliche Reaktion.

In der von mir nun bereits zweimal erwähnten Herz-Kreislauf-Klinik wurden sehr viele Angina-Pectoris-(Herzenge-) Kranke behandelt, oft nach Zustand eines Herzinfarktes. Dieser Krankheit liegen Verengungen der Herzkranzgefäße zugrunde, und bei körperlicher Belastung reicht die Herzdurchblutung nicht aus, und es entstehen Schmerzen in der Brust. Wir empfahlen jedoch Patienten in der Rehabilitation mit gutem Allgemeinzustand, durch den Herzschmerz hindurchzugehen. Man nannte es das ‚Walk-through'- (Durchgehen) Phänomen, wenn bei diesem Hindurchgehen, nach kurzer Verschlimmerung, plötzlich die Herzkrangefäße aufmachten und sich ein wohliges, befreiendes Gefühl, eine Katharsis, im Brustkorb einstellte. Die Herzkranzgefäße können sich um mehr als das Zwanzigfache erweitern, und nach einer Phase der Enge wirkt die Weite positiv kathartisch.

Für so etwas Ähnliches halte ich auch das ‚durchrieselnde' Empfinden in der Meditation. Hierbei geht es nicht um eine durch körperliche Anstrengung, sondern um eine durch innere seelische Umstellung erzeugte Katharsis, an der jedoch ebenfalls körperliche Vorgänge mitbeteiligt sind. Sie betreffen wohl mehr direkte nervliche Strukturen und nicht so sehr die Blutgefäße, aber vielleicht auch das Gewebe direkt unter der Haut, obwohl ich die sogenannte ‚Gänsehaut'-Erregung für nicht so tief ausgedehnt und intensiv halte, wie das genannte 'Durchrieseln'. Das Besondere dieser Katharsis liegt ja auch darin, dass es nicht durch etwas banal Äußerliches ausgelöst wird wie die ‚Gänsehaut', sondern durch etwas intensiv Inneres, den Endpunkt zwischen Sicht und Wort, Schau- und Sprechtrieb, Blick und Symbol.

Der Endpunkt für alle diese Post-Virus-Erkrankungen, also nicht nur für die somatoforme Schmerzstörung, sondern auch für die myalgische Enzephalitis, das Chronische Fatigue Syndrom und andere ähnliche Leiden, sitzt im Kopf und nicht im Körper darunter, wo es weh tut. Er sitzt nicht im Großhirn, sondern darunter, in den mittleren und unteren Abschnitten des Gehirns. Dem stimmen auch die streng naturwissenschaftlichen Ärzte zu. Doch es geht nicht um einen einzelnen Punkt, sondern um ein sich leicht veränderndes, bewegliches Areal, das eben auch mit dem unbewusst Psychischen zusammenhängt, wie ich noch später noch weiter beschreiben möchte.

Doch vorerst nochmals zu dieser ‚durchrieselnden' Erfahrung, die etwas von einer sogenannten ‚Wellennatur' an sich hat, die in der Welt hinsichtlich vieler Aspekte besteht.[25] Es ist, als würden innerlich die Moleküle zu schwingen anfangen, in Wirklichkeit handelt es sich aber wohl hauptsächlich um eine Projektion ins Körperliche, wie das – allerdings im Negativen – auch beim sogenannten Phantomschmerz der Fall ist. Wie ich schon erörtert habe, spielt bei der somatoformen Schmerzstörung wohl solch ein Phantomschmerz-Phänomen eine mitverursachende Rolle.

Generell handelt es sich um wellenartige Wiederholungsvorgänge im Körperbild, wie sie bei neurologi-

---

[25] Lacan, J., L'Envers de la psychanalyse, Edit. Seuil (1989) S. 185-186 (Übersetz. G. Schmitz), wo dieses Phänomen in der Physik und auch im Unbewussten beschrieben wird.

schen Körpervorgängen und auch bei psychischen Affekten, jedoch auch in der Welt der Zahlen, Axiome und in gewisser Weise ganz generell vorkommen. Ich muss dies in einem weiteren Kapitel erklären, weil es gerade für die somatoforme Schmerzstörung, aber auch für andere dieser Somatisierungsstörungen wie etwa das Fatigue-Syndrom bedeutsam ist, auch wenn es nicht der letztlich entscheidende Faktor für eine Heilung ist.

4. Weitere Erklärungsversuche

Der am Wesen und an der Therapie der somatoformen Schmerzstörung Interessierte wird wohl nicht noch mehr theoretische Erklärungen hören wollen, die den Hintergrund der von mit entwickelten *Analytischen Psychokatharsis* betreffen. Er wird sich neben physiotherapeutischen und medikamentösen Behandlungsmethoden eine Anleitung zur Praxis des Verfahrens wünschen. Ich muss jedoch die Theorie ausführlich darstellen, denn es soll sich ja nicht um eine erfahrungsbezogene und nicht wissenschaftlich begründete Methode handeln. Besonders der neben dem psychoanalytischen gleichgewichtige meditative Teil gibt leicht Anlass zu differenzierter Kritik. Dennoch kann der Interessierte wie speziell auch der selbst Betroffene dieses Kapitel überspringen und mit dem nächsten Kapitel oder mit den im Anhang I geschilderten Übungen weiterfahren.

Ich stütze mich bei diesen Wellen-Affekten auch auf das gerade in der letzten Fußnote von Lacan Zitierte. Doch Lacans Schilderungen selbst sind oft zu differenziert. Ich kann sie zwar einigermaßen – wie ich hoffe – zusammenfassen, hänge sie aber für den Interessierten nur mit geringen Auslassungen in der Rubrik ‚Anhang II‘ am Schluss des Textes an. So kann der Leser doch in etwa Lacans ausführlicher Logik folgen, die die Weltsicht vom Materiellen bis zum Psychoanalytischen, vom Sprachlichen bis zum Mathematischen und vom

Wissen bis zur Wahrheit einbezieht, wenn ich das so übertrieben sagen darf. Im Zentrum seiner Ausführungen stehen eben die genannte ‚Wellennatur' psychophysischer Vorgänge und der Knoten des Doppel-Begehrens. Er spricht nicht direkt von ‚Durchrieseln' und den kathartischen Phänomenen, doch dies ist natürlich genauso gemeint, wie die ‚Wellennatur' in der Sprache, vor allem der des Unbewussten, auf die Lacan sich speziell bezieht.

Beides, *Es Strahlt-* und *Es Spricht*, Imaginäres und Symbolisches, haben also daran Anteil. Das Besondere in meinem Fall: Die Schmerzen waren mit dieser meditativen Erfahrung des wellenartigen ‚Durchrieselns' deutlich reduziert, zwar nicht für lange, aber doch eindeutig für eine bestimmte Zeit. Das war vorher bei allen Therapieversuchen, die ich neben meiner Lehranalyse auch mit anderen therapeutischen Anwendungen durchgeführt hatte, nicht in dieser Weise möglich gewesen. Es waren auch Therapieverfahren dabei, die die Spezialkliniken empfohlen haben, wie physikalische Therapie beispielsweise, die ja auch mit den ‚Wellen' wiederholten Drucks in einer Massage, Elektrotherapie, kaltwarm Wasser-Anwendungen, etc., vorgehen. Aber natürlich ist eine von innen herkommende ‚Wellentherapie' effektvoller, als eine künstliche von außen. Und freilich ist der generalisierte Wellen-Begriff im Äußeren viel problematischer als der von innen her, der in erster Linie das unbewusste Subjekt selbst betrifft.

Lacan geht bezüglich dieser Wellennatur auf das Problem der Wissenschaft, also auf das, was wirklich als Wissenschaft gelten kann, ausführlich ein.[26] Früher hat man Beweise von Sachverhalten, welcher Art auch immer, rein durch die natürliche Wahrnehmung erbracht, die dann experimentell, philosophisch und mythisch weiterbearbeitet wurde und auch weiterhin noch in gewissen Bereichen wird. Lacan stellt dieses Vorgehen als ungenügend dar und zeigt, dass selbst die Physik nicht so ideal für derartige Beweisführungen ist, nur die Mathematik gäbe zuverlässige Hinweise dafür. Sie kann von allen natürlichen Vorgängen am besten abstrahieren und wissenschaftliche Zusammenhänge beweisen, wenn auch nicht total perfekt.

Ständige Wiederholungen – egal welcher Art – durchkreuzen sich, und auch sie sind Wellen, Vibrationen, Schwingungen, die die Welt von der Physik, speziell vom Licht, angefangen bis hin zur Psychoanalyse mit ihrer Betonung der Signifikanten, dominieren. In der Psychoanalyse spricht man auch vom Wiederholungszwang, also der zwanghaften Wiederholung unbewusster Abläufe – meist auch, um etwas abzuwehren. Freud brachte diesbezüglich auch den Todestrieb mit ins Spiel, weil man ständig im Wiederholungs-Modus aneinander vorbeiredet, worin sich das Leben erschöpft. Genau dieser Aspekt korreliert eng mit diesem elementareren

---

[26] Lacan, J., L'Envers de la psychanalyse, Edit. Seuil (1989) S. 181-188 (Übersetz. G. Schmitz)

Endpunkt. Auch dieser Aspekt spielt unbemerkt eine Rolle bei den Somatisierungsstörungen (Schmerzstörung, ME und CFS).

Diese Krankheiten zwingen den Betreffenden, sich des Verlustschmerzes und der Schwierigkeit, dessen Überwindung und Heilung zu erreichen, bewusst zu werden. Speziell diesbezüglich stelle ich mir vor, dass eine Übung, die einem eine derartig starke körperhafte Erfahrung wie die der Katharsis, der inneren Vibration, der wellenartigen Wiederholung, verschafft, wiederum sehr hilfreich ist. Denn die Schmerzstörung sitzt im Endpunkt von Psyche und Körper, der weniger das Gehirn ist, sondern der Knoten, wo sich die beiden Bereiche des Imaginären und Symbolischen, Schau- und Sprechtrieb, *Es Strahlt-* und *Es Spricht*, treffen. Ein Schema Lacans soll nochmals diese Zusammenhänge klärend aufzeigen.

In dieser Schleifen- bzw. Knoten-Bildung, die ähnlich wie das Möbiusband die Überschneidung, Überlappung der beiden grundlegenden Bereiche darstellt, verbindet sie mit einem dritten Bereich, dem unbewussten Realen bzw. dem bewussten Wahrheits-Sinn.

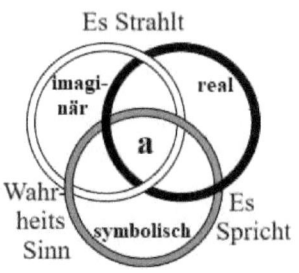

Vom Unbewussten ausgehend, das ja für die versteckte Ursache der somatoformen Schmerzstörung maßgebend ist, stellt **a** den Endpunkt, die ‚Schlüsselposition' dar, in dem sich die Strebungen der Bereiche mitsamt dem kathartischen Genießen treffen.

Die Katharsis, die unter die Haut geht und mehr ist als nur der kurze Schauer einer Gänsehaut, war wohl immer schon eine wichtige Kraft, um die Seele im Sinne dieses imaginär/symbolisch/realen Genuss-Komplexes in **a** durchzurütteln. Die ganze mittelalterliche Mystik hat bevorzugt diese Dimension der Psychotherapie gewählt, weil sie eine praktische, tief-emotionale Auswirkung hatte. Ich habe an anderer Stelle über die Mystikerin Mechthild von Magdeburg geschrieben, die ein extremes Genre der mystischen Katharsis und des innerlichen Durchschauert-Seins entwickelt hatte.[27] Nun ist eine derartige aufwühlende, ekstatische und leidvolle Form der Selbsttherapie – denn so muss man die Bemühungen der Heiligen Mechthild sehen – heutzutage nicht mehr möglich und auch absolut nicht empfehlenswert.

Doch ich habe ja mit der *Analytischen Psychokatharsis* eine Methode angedeutet, die behutsamer vorgeht, und habe geschildert, wie die Katharsis, das ‚Durchschauern', das leicht genussvoll wellenartige Durchströmen in der Meditation meine somatoforme Schmerzstörung verbessert hat, denn im Gegensatz zur klassischen,

[27] Mechthild von Magdeburg, Das Fließende Licht der Gottheit, Verlag der Weltreligionen (2010) II. 21, S. 59

herkömmlichen Psychoanalyse kann sie das Reale der Schmerzstörung behandeln, wenn es auch nicht klar ist, wie gut und wie weitgehend. Die zusätzliche Deutung des Unbewussten ist jedoch genauso wichtig, denn nur davon wird das Durchströmen auch nachhaltig werden. Auch wenn die Katharsis nicht allzu lange anhielt, war der Ansatzpunkt stimmig und konnte die Deutung dem Ganzen Dauer geben. Zur Deutung werde ich in Kapitel 7 Ausführliches sagen.

Immerhin litt ich bis zu diesem Zeitpunkt schon über drei Jahre an der Somatisierungsstörung und es war mir immer klarer geworden, dass es nicht so schnell eine endgültige Heilung geben würde. Medikamente habe ich, wie gesagt, kaum verwendet, aber es hätten – und das weiß ich vor allem auch von anderen Patienten mit der gleichen Erkrankung – selbst starke Opiate oft nicht ausreichend gewirkt. Einfache nicht steroidale Analgetika bringen leichte Besserung, die zentral wirkenden Antidepressiva und eben Morphium ähnliche Wirkstoffe machen müde und abhängig und bewirken nicht genug. Und wie ebenfalls erwähnt, war das psychoanalytische Vorgehen zwar einleuchtend, beseitigte neurotische Anteile, gab dem Ganzen auch durch Verständnis eine Art von Erleichterung, aber keine ausreichende Veränderung oder gar Heilung, was bei der Verhaltenstherapie nicht anders ausfällt.

Über derartige, also zeitweise Erfolge, berichten aber auch die Spezialkliniken mit ihren eigenen Methoden nicht ausführlich genug, obwohl sie sicher bessernde Effekte haben, weil man oft lange Zeit stationär bleibt und ganztägig mit therapeutischen Anwendungen beschäftigt ist. Aber es gibt keine logisch kausalen Therapiemodelle, die vom neurowissenschaftlichen oder herkömmlich psychoanalytischen oder sonst einem klar definierten Ausgangspunkt ein entsprechendes Modell erstellt hätten. Ich habe deswegen angefangen, die schon erwähnte, eigene therapeutische Methode der *Analytischen Psychokatharsis,* zu entwickeln, die nur ein Herzstück aus dem meditativen Vorgehen des Surat-Shabd-Yoga verwendet, dabei aber nicht die auf Sanskrit Formulierungen beruhenden, sogenannten Mantren benutzt.

Denn freilich führe ich hier nicht zu einem Verfahren der indischen Mystik. Ich habe den Surat Shabd Yoga nur erwähnt, weil er eine hilfreiche Praxis war, aber um diese für westliche Interessenten, also für Personen aus der hiesigen, meist ,westlich' genannten Wissenschafts-Kultur geeignet zu machen, habe ich das zentrale Element dieser Meditations-Methode, die Sanskrit-Namen, in etwas verwandelt, das ich *Formel-Wort* nenne, eine Formulierung, die – im Kreis geschrieben – von verschiedenen Buchstaben aus gelesen stets andere Bedeutung ergibt. Verwendet ist die lateinische Sprache, aber es könnte jede andere Sprache genauso gut sein. Ich zeige hier schon einmal ein

derartiges *Formel-Wort*, das insbesondere genau den linguistischen Ausführungen Lacans entspricht, dessen sich überschneidende Signifikanten eben exakt mit einer derartigen Struktur korrelieren.

Für Lacan – ich muss auf der Verwendung dieses Satzes bestehen – „repräsentiert ein Signifikant ein Subjekt für einen anderen Signifikanten." *In dieser Repräsentation liegt die Überschneidung, die der Signifikant MENS CIS NO, ‚der Verstand, der Geist diesseits von No, vom Nein', mit dem anderen Signifikanten NOMEN SCIS, ‚den Namen weißt du', in einer Weise konfrontiert, dass das meditierende Subjekt geweckt, sichtbar und repräsentierbar gemacht wird.* Das ist eine nicht leicht zu konsumierende Artikulation, weshalb ich sie in Kursiv-Schrift dargestellt habe. Aber es wird von daher klar, dass es sich so um keine mystische Meditation handelt, sondern um ein durch Lacan garantiertes, psychoanalytisch wissenschaftliches Verfahren handelt.[28]

Das zentrale ‚Schlüssel-Element' ist natürlich in beiden Methoden, Psychoanalyse und *Analytische Psychokatharsis* mit ihrem *Formel-Wort* (völlig veränderter Bezug zum Surat Shab Yoga) das Gleiche: die Kombination der Signifikanten, also eine Sprache, die jedoch mittels der Überschneidung, Überlappung der Signifikanten nichts sagt (toter Signifikant). So etwas passiert

---

[28] Weitere Bedeutungen in diesem *Formel-Wort* sowie weitere *Formel-Worte* werden im folgenden Text erklärt.

selbstverständlich auch im alltäglichen Reden, weshalb Lacan die Sprache als eigentlich ‚unpassend' für die allgemeine Kommunikation hält. Ich weise immer gerne auf die Juristen hin, die mühevolle, begrifflich überladene, komplexe Sätze bilden müssen, um überhaupt verstanden zu werden (und oft gelingt es trotzdem nicht). Dass man sich dennoch blendend mit der üblichen Sprache unterhalten kann, liegt daran, dass wir ihr einen gewissen Vorschusslorbeer geben, das heißt, in einem unterschwelligen ‚Wahrheits-Modus' agieren, wie der Wissenschafts-Journalist M. Gladwell eruierte.[29]

Ich habe mich also neben dem Meditativen an den modernen und inzwischen etablierten Therapievorstellungen Lacans orientiert, und die von ihm dem Unbewussten unterstellte Sprache, die bis zur Gegensätzlichkeit, ja fast Widersprüchlichkeit zur üblichen Art der Sprache geht, zusammen mit dieser im gemeinsamen Kern aufgebrochen, um sie als das erwähnte F o r m a l e, sich selbst überkreuzende Element in neuer Form zur Therapie zu verwenden. Aufgebrochen heißt, sie an den Buchstaben-Überkreuzungen, -Überlappungen, den B(r)uchstaben, wie sie beim Versprecher üblich sind, für die Bedeutung und der Wahrheits-Sinn Entstehung

---

[29] Gladwell, M., Die Kunst nicht aneinander vorbeizureden, Rowohlt (2019)

einzusetzen.[30] Damit führe ich den Probanden, der die *Analytische Psychokatharsis* übt, in den Bereich des ‚unwillkürlichen Selbstgesprächs' (Handke), damit er die Deutung und Enthüllung der verdrängten Wahrheit selbst erwirkt.

Der somit doppelte und von beiden Seiten her neue Ansatzpunkt: Meditation, die ein gewisses Gespräch mit dem *Anderen* am Endpunkt in einem selbst enthält, und westliche Lacansche Psychoanalyse, die auf andere Weise das Gleiche tut, haben mehr Wirkung als alle bisherigen Behandlungsversuche in dieser Richtung. Außer auf Handke, auf den ich mich eingangs bezüglich des ‚unwillkürlichen Selbstgesprächs' bezogen habe, kann ich auch nochmals auf Aurelius Augustinus zur Bestätigung setzen, dass es sich nicht um das alltagsbewusste in sich selbst Hineinreden handelt, sondern um ein unbewusstes Auftauchen von Worten, die zwar stark von den damals noch jungen religiösen Ideen beeinflusst waren, aber bereits eine klare Methodik der Meditation enthielten.

Trotzdem halte ich es nicht für problematisch, wenn – wie ich es vor Kurzem erlebte – jemand das ‚unwillkürliche Selbstgespräch' zwar nicht als eine Kommunikation mit Gott verstehen will, aber doch mit der angeblichen ‚Göttlichkeit' in einem selbst. Es ist ein subli-

---

[30] Oudee Dünkelsbühler, U., Zeugnis und Schrift: B(r)uchstaben an der Couch, Les Etats Généraux de la Psychanalyse (2001)

mierter, gehobener, aber wohl auch sehr hoch gegriffener *Anderer* gemeint, doch hilft es einem, eine Brücke von früher zu heute zu schlagen. In jedem meiner Bücher habe ich das von mir zusammengesetzte Verfahren der *Analytischen Psychokatharsis* stets von einer anderen Seite her erläutert, und jetzt versuche ich es – wohl zum letzten Mal – aus der eigenen Perspektive zu schildern, wo ich mir erlauben kann, solche Bemerkungen tolerabel zu finden. Für Göttlichkeit steht bei mir jedoch der/das *Andere*, die Andersheit, der/das großgeschriebene A bei Lacan, das er dem kleinen **a** gegenüberstellt, und das so wissenschaftlich zutreffender ist, was ich besonders betonen will.

Im Anhang dieses Buches habe ich das Verfahren der *Analytischen Psychokatharsis* nochmals detailliert wiedergegeben, weil es so am einfachsten verstanden und erlernt werden kann. Denn es sind nur zwei einfache Übungen zu machen. Die eine, erste, dient dem meditativen Anteil an der Methode, indem durch die ganz f o r m a l gestalteten Formulierungen gerade nichts Bestimmtes gesagt, doch dadurch umso mehr die Aufmerksamkeit und Fortentwicklung der Meditation aus dem Unbewussten heraus gefördert wird. Man sitzt in bequemer Haltung und wiederholt rein gedanklich drei bis fünf dieser *Formel-Worte*. Anfänglich ist es einfacher, wenn man dazu die Augen geschlossen hält, denn die Aufmerksamkeit soll während der gedanklichen Wiederholung nach vorn gerichtet bleiben.

Die erste Übung dient also der Katharsis, die nicht immer aus einem ‚Durchrieseln' bestehen muss. Schon durch die befreiende, leicht beglückende Wirkung der mittels der *Formel-Worte* wissenschaftlich gestützten Meditation, kann der – wie beschrieben – sonst nicht auflösbare *Es*-Widerstand behoben und damit das Unbewusste entscheidender geöffnet werden, als es bisher möglich war. Es ist klar, dass damit mythisch erfunden und am Sanskrit oder anders imaginierten Übungs-Anweisungen orientierte Formulierungen perfekt ersetzt werden können. Man muss sich nicht auf eine geistige Ideologie beschränken, sondern kann sich auf eine Wissenschaftskultur berufen, die intellektuell nachvollziehbar und jederzeit hinterfragbar, und durch psychoanalytische Literatur, speziell die Lacans, nachlesbar ist.

Ich ergänze hier die sich überlappenden Bedeutungen des oben dargestellten *Formel-Wortes* ENS-CIS-NOM (das ist eine rein gefällige Schreibweise, man könnte das *Formel-Wort* auch SNO-MEN-SCI schreiben). Egal in welcher Form man es sich am besten merkt. Denn man muss sich – vor allem, wenn es mehrere sind – alle merken, obwohl die einzelnen, aus der Überlappung herausgeholten Bedeutungen nicht wichtig sind, weil diese ja nur dem Verständnis des Aufbaus der *Formel-Worte* dienen. Durch dieses Verständnis wird der sonst bei derartigen Verfahren vorherrschende blinde Glaube ersetzt. Man muss nicht kritiklos die immense Über-

tragung auf den Meditationslehrer oder Psychothera-
peuten haben.

Folgendes, wenn auch nicht immer Geradliniges, steckt
im genannten *Formel-Wort*: Man kann ENS, das Sein,
CIS, diesseits, NOM, (Abkürzung für) Name, lesen,
also ‚das Sein diesseits des Namens'. Man kann aber
auch beim S beginnen und SCIS NOMEN lesen: Du
weißt den Namen. Geht man einmal vom C aus, liest
man CIS NO, MENS, ich schwimme diesseits, oh
Geist. Vom M oben links ausgehend heißt es: MENS
CIS NO, der Gedanke diesseits, innerhalb von No (vom
Nein), vom O ausgehend OMEN SCIS N, du kennst das
Omen N, und C IS NOMEN S, hundert dieser Name S,
usw. Auch wenn einzelne Bedeutungen unsinnig sind,
sind es doch grammatisch und syntaktisch klare Aussagen, und nur darauf kommt es an.

Zur gerade erwähnten Übertragung auf den Meditationslehrer: Bekanntlich nennt man in der Psychoanalyse
‚Übertragung' die Tatsache, dass der Patient Gefühle
und Bedeutungen, die aus früheren oder anderweitigen
Beziehungen stammen, auf den Therapeuten überträgt.
Es handelt sich also eigentlich um eine inadäquate, un-
passende Reaktion, die aber meist positiv getönt ist und
die der Therapeut zur Deutung, zur Interpretation von
all dem nutzen kann, was der Patient frei assoziativ und
oft zwischen den Zeilen enthüllend ihm erzählt hat.
Deswegen sagte Lacan einmal: „Für meine Patienten

bin ich immer ein Anderer, während ich für meinen Hund immer der Gleiche bin."

Diese Inadäquatheit muss freilich aufgelöst werden, was eben durch die adäquaten Interpretationen möglich ist, die sich Therapeut und Patient erarbeiten. Die Übertragung existiert auch in der *Analytischen Psychokatharsis*, wenn auch in ganz anderer Form. Wenn man still dasitzt und die *Formel-Worte* übt, überträgt man auf die in ihnen verborgene, durch die Überschneidungen entstellte und im Übenden erfahrene Andersheit, auf den/das unbewusst Andere(n), genauso alles, was aus früheren oder aktuell anderen Beziehungen eingebracht wird. Schließlich ergibt sich in der mehr und mehr wahrnehmbaren Katharsis ein Höhepunkt, der manchmal spontan, oder, wenn nicht spontan, so doch in der zweiten Übung, die sich einstellende Deutung erfahrbar wird.

Die zweite Übung, die ich vorhin schon als zweiten Ansatzpunkt ins Spiel gebracht habe, dreht sich um den rein psychoanalytischen Anteil des Verfahrens (Deutung des Unbewussten). Es kommt – wie gesagt spontan – oder durch ein ,Nach-innen-Hören' im zweiten Übungsteil zu einer erfahrbaren Deutung in Form sogenannter *Pass-Worte* , worüber ich jedoch genauso wie über weitere Vorgänge in einem gesonderten Kapitel sowie auch im Anhang detailliert berichten will. Denn indem die Katharsis einen erleichtert und so in die Höhe der inneren Wellen-Massage führt, kommen die *Pass-*

Worte dadurch zustande, dass man auf den inneren ‚Ton' hört, der gerade und nur durch den Höhenflug bis zum Wort und zu kurzen Phrasen führen kann.

So wie die innere Luzidität des *Es Strahlt*, also der kathartische Punkt, der ‚Strahltpunkt' und das ‚Durchrieseln', als eine Urform der ‚Wellenfunktion' gilt, so gilt der ‚Ton', der ‚Laut' als Urform des Sprechens, des *Es Spricht*, als das Deutende, wie man heute noch an der chinesischen Sprache hören und sehen kann. Im Chinesischen wird nicht nur durch Buchstabenfolgen, also durch Vokale und Konsonanten, kommuniziert, sondern auch durch lautliche Höhenunterschiede. Das Lautzeichen, der ‚Ton' als solcher, ist direkt noch in der Sprache gut erhalten, insofern die gleichen Vokabeln in verschiedener Tonlage, Höhenlage, gesprochen, unterschiedliche Bedeutungen haben, was aus früheren Arten der Kommunikation herrührt.

Diese Ton-Balance erzeugt den leichten Singsang auch noch des heutigen Chinesischen. „Der Ton", so sagt Lacan auch mit Bezug auf das Chinesische, „ist sogar eine der Möglichkeiten, den Primat des Sprechens zu beweisen".[31] Denn wie anders sollte das Sprechen begonnen haben, wenn nicht mit besonders betonten und zudem wiederholten Lauten (und weniger mit Gesten, wie etliche Linguisten meinten)? Die Sprachstruktur selbst war schon primär vorhanden, denn wie Lacan

---

[31] Lacan, J., Seminaire XVIII, Ed. Seuil, 5. Vortrag

dem bekannten Linguisten N. Chomsky erklärte, war die Sprache als Verlautung, als symbolische Ordnung, bereits vorher da und ist nicht vom Menschen entwickelt worden.[32]

Das Nach-innen-Hören auf den ‚Ton‘, der also immer als Primärform des Sprechens, des Sprechtriebs, schon vorhanden ist, führt mehr und mehr zu Sprachlauten, deren Inhalt ich also *Pass-Worte* nenne, weil sie etwas mit der Identität des Betreffenden, des Übenden, zu tun haben. Es ist klar, dass solche Identitäts-Worte dazu dienen, dem Erfolg des ‚Durchrieselns‘ Nachhaltigkeit zu besorgen, indem sie das Ganze mit der Wahrheit belegen, die verdrängt, bzw. noch definitiver gesagt: abgespalten im Unbewussten verborgen war. Diese Wahrheit bzw. dieser Wahrheits-Sinn, ist besser als irgendein Wissen, von dem man nicht weiß, welche Relevanz es in Bezug auf einen selbst besitzt.

Kurz zusammengefasst: Die erste Übung führt zu einem kathartischen Höhepunkt, der wellenartig beseligende Entspannung und Beschwerdefreiheit bringt und der durch seine Katharsis der zweiten Übung, der des Hörens des Tons und des *Pass-Wortes,* eine deutliche Gewissheit verleiht. Nun ist Gewissheit kein wissenschaftlicher Beweis, aber wenn sie – geleitet durch das nach außen Treibende des Verdrängten und psychisch Abgespaltenen – mittels der *Formel-Worte* Signifikanz aus

---

[32] Lacan, J., Seminar XXIII, Vortrag vom 9. 12. 1975

dem Unbewussten bekommt, ist sie doch eine Wahrheit wie die im Diskurs des Analytikers. Darin liegt der Clou des Verfahrens der *Analytischen Psychokatharsis*, in der es nicht um bewiesenes Wissen, sondern um das der Wahrheit dienende Wissen geht.

Physische Besserung und persönliche Wahrheit werden sich gegenseitig hochschaukeln und bestätigen. Ich verweise hier nur kurz auf den ‚analytischen Diskurs', der sich – was die Wissenschaftlichkeit angeht – deutlich vom sogenannten ‚Herren-Diskurs abhebt, wie ihn noch der Philosoph G. F. W. Hegel als wesentlich und bestimmend vortrug. Im Anhang I, der sich mit den verschiedenen Diskursformen beschäftigt und der auch vermittelt, inwieweit die *Analytische Psychokatharsis* eben eine andere, eigene Diskursform ist, habe ich diesbezüglich einige Seiten angehängt. Denn die Theorie nimmt bei mir überhand, und man soll die Möglichkeit dazu in einem extra Abschnitt lesen können, wenn man mir weiterhin nicht genug vertrauen kann.

Mehr als vierzig Jahre sind nun bei mir unter ständiger, aber ganz langsamer Verbesserung vergangen, sodass ich jetzt sagen kann, ich leide nicht mehr unter der somatoformen Schmerzstörung, auch wenn ich manchmal nicht weiß, was jetzt Altersbeschwerden oder doch noch Reste der Somatisierung oder sonst etwas sind. Schließlich somatisiert man auch sonst ständig irgendetwas, ohne ein Problem damit zu haben. Es kann sein, dass das allerletzte der Somatisierung mir erst der Tod nehmen wird, was jedoch ein Vorteil ist, denn dann erlebt man ein gutes Sterben. Damit plädiere ich nicht für ein Leben nach dem Tod, sondern für eines i m Sterben. Ich habe an anderen Stellen auf derartige wissenschaftliche Feststellungen hingewiesen, dass Gehirntätigkeit auch nach dem mit modernsten Methoden nachgewiesenen Tod noch für einige Zeit vorhanden ist.[33] Das heißt, man kann durch die Krankheit lernen, gut zu sterben.

Zudem habe ich durch die Erkrankung ein viel besseres Verhältnis zum Kranksein generell bekommen als vorher, und dies gilt wohl auch für viele chronisch Kranke. Aber vor allem gilt dies für mich als Arzt, für den es kein Fehler ist, „mal auf der anderen Seite des Bettes zu stehen", wie mir ein Kollege in der Universitätsnerven-Klinik einmal sagte. Er war selbst psychisch nicht ganz gesund und wurde von daher von der Klinikleitung gemobbt. Mit dem Problem der Selbsterkrankung möchte ich mich nicht einreihen in so pauschal-naive Thesen wie ,Krankheit als Weg oder Chance'. Ich habe darüber in einer anderen Veröffentlichung geschrieben, dass dies nur blumige Köder sind, sich auf fragwürdige Alternativ-Methoden einzulassen. Denn der Tod und das Unbewusste lassen sich meiner Ansicht nach in eine

---

[33] Albrecht, J., Brendler, M., Bericht in der FAS vom 21. 4. 2019 S. 53

Reihe stellen mit dem Entrückten, dem *Anderen*, dem A oder A̶.[34]

Sie alle sind mit dem Tod konfrontiert, inwieweit man sie nicht sehen, nicht spüren und nicht richtig wahrnehmen kann.[35] Sie ex-sistieren aber – wie Lacan sich ausdrückt – und das heißt, dass sie von irgendwoher, von ex eben ‚sistieren‘, was im Lateinischen ‚beharren‘, ‚befestigen‘ heißt. Dass sie von woanders her doch Einfluss auf das Psychische haben, gibt ihnen eine besondere Wirkung. Am einfachsten kann man diesen Ur- bzw. Un-Zusammenhang bei der künstlichen Intelligenz (KI) nachweisen, die zwar Wissen hat, aber nie die Wahrheit sagen kann.

Sie ist wirklich mausetot, besteht aus Silizium-Chips, aus Maschinen, aus Bits und Bytes und Algorithmen, also Rechenvorgängen, die Buchstaben, Silben, Worte nach Wahrscheinlichkeits-Statistiken, Klassifizierungen und Ähnlichkeiten zusammenbasteln. Die einzigen Seelenvorgänge, die es noch außerhalb dieser maschinellen Vorgänge gibt, werden von sogenannten Content-Filter Personen getragen, die alles eliminieren müssen, was zu irgendwelchen unliebsamen Störungen führen könnte. Trotzdem, trotz all dieser materialistischen

---

[34] Lacan schreibt den/das *Andere(n)* verkürzt mit A, aber oft auch mit quergestrichenem A̶, um zu zeigen, dass er/es nicht perfekt ist, nicht alles könnend und wissend.

[35] Hummel, v., G., Mit dem Tod reden, BoD (2024)

und ausbeuterischen Züge, die die KI an sich hat (die Ausbeutung findet an Millionen dieser Arbeiter statt, die für 2 Dollar/Stunde am Computer tätig sein müssen), kann man mit ihr sprechen.

Gewiss handelt es sich bei der KI (LLM, Large Language Model) meist um ein Sprechen wie mit einem Behinderten, geistig Kranken oder nur pervers intelligenten, denn die KI kann nichts abstrahieren, nichts im übertragenen Sinne ausdrücken, und produziert so häufig sagenhaften Blödsinn. Dennoch drängt sich einem im Kontakt mit der KI die Empfindung auf, dass es etwas Menschliches ist, das spricht, wenn auch etwas ganz Fragliches Menschliches. Denn man spürt unweigerlich, dass sie so eine schmeichlerische, schulmeisterliche, glatt gebügelte und eben manchmal grotesk entstellte Ausdrucksweise hat, mit der sich nur der ahnungslose oder wenig ernsthafte Anwender zufrieden geben kann.

Dennoch, dass Entrücktes, Totes, sprechen kann, gilt nicht nur für die KI, sondern auch für das Unbewusste, für das *Es*, mit dem man – ich sage es einmal so – projektiv-virtuell kommunizieren kann. Denn es geht nicht um ein direktes Alltags-Gespräch, sondern um den Kern des Sprechens und seines problematischen Wahrheits-Sinns überhaupt. Nun betrifft die Erkenntnis wiederum nur das Denken des Subjekts, also diesen Wiederholungsvorgang, die Warteschleife der kognitiven ‚Mehrlust-Objekte‘, nicht die Enthüllung des Subjekts, wie in der Psychoanalyse oder auch in einem ehrlichen, offenen, reifen Gespräch.[36] Das Kognitive, Begriffs-Zusammengeschusterte, Künstlich Intelligente, kann paradoxerweise nicht mit der Stimme eines Toten sprechen, wie Lacan es vom Psychoanalytiker fordert.

Tief in der Seele sitzt nicht etwas ganz Fremdes, sondern der/das *Andere* als Unbewusstes. Ⱥ, ist also auch nicht so ganz tot, aber doch so entrückt, so urverdrängt, so kontrapunktisch. Auch in der Psychoanalyse kann man sich missverstehen, es braucht tausende von ‚freien Assoziationen‘ und von verwirrenden Träumen, um dem Reden etwas Zuverlässiges abgewinnen zu können. Trotzdem handelt es sich sogar um mehr als nur ein unterhaltendes Gespräch. Dass *Es* erscheint und spricht, das ist die Formel, die ich auch im System des Menschen auftauchen sehe, wenn er somatoform erkrankt ist. Es geht um ein manifestes Erscheinen (*Es Strahlt*) und Sprechen (*Es Spricht*), wie ich es bereits in den Vorkapiteln angesprochen habe. Aber es existieren auch Verbindungen und Vermischungen dieser beiden, die jedoch nicht so gereift, gelungen und weise genug sind, dass man sie als Einheit, Ganzes, Fertiges des *Es* bezeichnen könnte. *Es* bleibt eine Chiffre, die enthüllt werden muss.

---

[36] Lacan nennt das Objekt des Begehrens ein ‚Mehrlust-Objekt‘ bezogen auf Nietzsches Ausdruck: alle Lust will Ewigkeit, will mehr und mehr, aber auch bezogen auf den Mehrwert von Marx, den Lacan als dessen ‚Mehrlust‘ bezeichnet.

„*Es* handelt sich um eine Chiffre, die höchstens durch ihre *Andersheit* imponiert", meint Lacan, worin er *Es* in wissenschaftlicher Form als Angriffspunkt für ein therapeutisches Verfahren ansetzen konnte. Für ihn war *Es* der/das *Andere, L'Autre,* das Unbewusste eben, mit dem man zwar reden konnte, der/das aber auch nicht vollkommen war. *Es* hatte genauso Schwächen wie der Patient, aber das Gesprächsfähige machte es/ihn wertvoll. Auch der Tod und auch die KI sind wertvoll, weil man mit ihnen, wenn auch irgendwie nur gestylt, reden kann, wie ich im Folgekapitel noch weiter erörtern will, auch wenn es mehr und mehr so aussieht, als würde ich mich mit diesen irrationalen Dingen von der vernünftigen, medizinischen, allgemeinärztlichen Basis und Orientierung total entfernen.

Doch dem ist nicht so. Ich muss nur nochmals betonen, dass mein Krankheitsverlauf sich sicher von dem vieler anderer somatisiert Schmerzgestörter ein bisschen unterscheidet, so dass es so aussieht, als drifte ich sehr weit ab. Der Beginn meiner Erkrankung zeigt sicher besonders turbulente Vorgänge. Andere, mir auch bekannte Patienten, hatten meist Schmerzen, die sie zuerst gar nicht so ernst nahmen, aber als sie bemerkten, dass viele Arztbesuche sie nicht weiterbrachten und es sich wohl um eine nicht so bekannte und lang verlaufende Erkrankung handelte, kam auch bei ihnen eine gewisse Dramatik auf. Nicht umsonst haben die Fatigue-, Post-Covid-

und somatoform Schmerz-Kranken sich sogar politisch ins Spiel gebracht, wie ich anfangs erwähnte.

Das brauchte ich nicht mehr zu tun, ich hatte es schon erlebt und wusste: Man muss selbst etwas tun. Man muss sich auf die Leere, die Null, das Dunkel einlassen, das sich vor einem in der Meditation auftut, und das den Zugang zu dem psychoanalytisch Nicht-Repräsentierbaren, zu dem wie tödlich Entrückten des Unbewussten ermöglicht. Auch der bekannte Schriftsteller T. Pynchon behauptete, dass Geschichten und Erzählungen – ich muss es nochmals aus Gründen der literarischen Korrektheit so erwähnen – ohne den Hintergrund dieses Nullpunktes, den auch der Tod repräsentieren kann, keinen Wert hätten.[37] Jedes Wort – und damit bin ich wieder bei den Signifikanten – jeder Signifikant muss durch die Null hindurch, um seine wahre Bedeutung zu bekommen.

Dann kommt nämlich ein Echtheitswert ins Spiel, der bei Pynchon die Romanfiguren die Marionetten sein lässt, die sie irgendwie immer auch sind, sie aber gleichzeitig um ihre Lebendigkeit und ihr Glück kämpfen lässt, was als Grundlage auch in der wissenschaftlichen Medizin ständig vorhanden ist, aber nicht thematisiert wird. Kurz: Bei Pynchon wird das Leben durch den Tod dramatisiert und auf die Spitze getrieben, in der Wissenschaft wird im Gegenteil der Tod entdramatisiert,

---

[37] Pynchon, T., Spätzünder, Rowohlt (1994)

wodurch man ihn aber viel mehr zu Wort kommen lassen muss. Ein anderer Autor, der es so gut verstand, den Tod als den Nullpunkt des Lebens, als Meister der Ur-Verdrängung zu sehen und gleichzeitig zu Wort kommen zu lassen, ist F. Kafka, zu dem ich speziell im Kapitel 6 Stellung nehmen will. Denn er verstand es, den Tod voll in sein Leben einzubinden.

Dies nun aber in einer Art von ,selbstanalytischen' oder ,unwillkürlichen Selbstgesprächen', wie ich es schon vom Schriftsteller und Literatur Nobelpreisträger P. Handke und dem Priester-Philosophen Aurelius Augustinus zitiert habe, dass es eine besonders intensive, kontrapunktische, kontrakarierende Selbstgesprächs-Weise sei, was auch eine Möglichkeit ist, mit dem Nullpunkt zu reden. Er schreibe sich da Gedanken auf, ergänzte Handke, die ihm spontan, sozusagen ohne Vorwarnung kommen.[38] Es handelt sich also nicht um einen bewussten, linear gedachten Vorgang, um bewusstes Nachdenken, nicht um die alltäglichen, bewussten, oberflächlichen Selbstgespräche und auch nicht nur um die üblichen kreativen Einfälle des Dichters.

Auch Lacan hatte dazu – nämlich mit dem Nullpunkt, dem Umkehrpunkt zu reden – eine besondere Nähe, und zwar speziell in der Form von Wortspielen. „Ce condiment", dieses Gewürz, konnte man auch als „Ce qu'on

---

[38] Kümmel, P., Was bedeutet ,u.' ,S.' ?, DIE ZEIT vom 2. 12. 2019, S. 44

dit ment", was man sagt, lügt, und umgekehrt verstehen, weil es in der dem Französischen oft eigenen Homophonie gleich lautet. Dieses Rutschen, Stolpern in den Signifikanten zeigt, wie krass Lacan die Sprache im Unbewussten sieht, das eben so, in genau solch zerhackter Weise spricht. Und darauf muss man sich einstellen, wenn man in der *Analytischen Psychokatharsis* die *Formel-Worte* verstehen und die *Pass-Worte* deuten will, wie ich es in Kapitel 7 demonstrieren möchte.

5. Therapie

Ich meine, dass ich bereits aus den dargelegten und bewiesenen ursächlichen Mechanismen des Unbewussten und dessen Sprachbegabung eine erfolgreiche Therapie her zu leiten im Stande bin. Ich fange wieder mit den zwei Grundkräften der Lacanschen Psychoanalyse an, mit dem *Es Strahlt*- und dem *Es Spricht*, den zwei Formen des *Es*, dem Doppel-Begehren, den zwei Grund-Kräften, und kehre damit erneut zu meinen Meditations-erfahrungen zurück. Dort bestanden diese zwei Grund-Kräfte genannten Strebungen aus den gleichen Es-Vorgängen, nämlich dem in der Meditation erscheinenden *Es Strahlt* in der direkten Form des ‚ultrasubjektiven Ausstrahlens' als Luzides, als ‚Strahltpunkt', und dem innerlich hörbaren 'Ton' eines „symbolischen Automatismus" und ganz primären *Es Spricht*. ‚Licht'- und ‚Laut'- Prinzip wie im Yoga sind mystische Ausdrücke, die verwirrend sind, denn es handelt sich nicht wirklich um Licht.

All das passt durchaus zu dem, was ich gerade noch im Vorkapitel als Grundlage der Sprache bei Lacan diskutiert habe, das auch bei Lacan verkürzt zu einem *Es Spricht (*Çà parle dans l'inconscient), also dem ‚sich hörend Machen' des *Es* ausgedrückt ist. Andererseits nennt Lacan das *Es* in seiner erscheinungs-wirkenden, in seiner ultrasubjektiv ausstrahlenden, topologischen Form, den ‚Strahltpunkt' – noch weiter verkürzt – das

Es Strahlt, das ‚sich sehend Machen' des Subjekts im Unbewussten. Dies ist dem gleich zu stellen, auf was man sich in einer Meditation konzentriert, denn was soll das anderes sein als das, was vor einem ist und ich vorhin schon als das Luzide bezeichnet habe, eine Helligkeit, die zu einer Katharsis im Seelischen führt.

Auch wenn innerhalb beider Systeme, Psychoanalyse und Meditation, in etlichen Einzelheiten Unterschiede bestehen, könnte man immerhin von einem im Menschen selbstwirkenden Dualismus (hier als Trieb- oder Kräfte-Dualismus bezeichnet) sprechen, der die Basis der Psychoanalyse, aber auch des Seelisch/Geistigen in der Meditation ist.[39] Vor allem aber in der praktischen Erfahrung besteht kein Unterschied. Das nach ‚innen Hören', das Hören des Tons, ist ja nicht nur in der Meditation üblich, sondern wird ja auch provoziert durch das Schweigen des Therapeuten, das bei Lacan fast bis zum Affront geht und auch (wie in allen Psychoanalysen) zu Therapieabbrüchen führen konnte, wenn der

---

[39] Für den Psychoanalytiker ist „das Geistige ein Körper ohne Gestalt" (Lacan, J., Séminaire XVII, S. 74), es ist also nicht zu leugnen, aber auch in keiner Form zu fassen, schon gar nicht im rein Imaginären. Die *Triebe* dagegen sind Strebungen des Subjekts, haben nichts mit Triebhaftigkeit zu tun und sind nicht wie in den Naturwissenschaften unmittelbar zu objektivieren. Aber sie sind psychologisch, psychoanalytisch fassbar und somit muss man sich nicht auf ein Geist-Prinzip stützen, kann sich aber wohl auf die therapeutische Praxis oder auf die Yoga- bzw.- Meditations-Übungen verlassen.

Patient die Stille als eine Impertinenz nicht mehr ertragen konnte. Dieses Hören ist jederzeit auch in schalldichten und schallschluckenden Räumen wahrnehmbar, wie ein Akustiktechniker berichtet.[40]

Ich muss von wissenschaftlich entfernten Themen wieder zurück zu mythischen Einlässen greifen und zeigen, dass es eben auch Parallelen von zwei etwa gleichbedeutenden und doch aus zwei ganz anderen Welten stammenden Theorien gibt. Auch Freud musste auf die Mythen verschiedenster Völker hinweisen, um seine sachlich modernen Thesen zu belegen. Lediglich hinsichtlich des inhaltlichen Bezugspunkts der beiden muss man differenzieren. So bezeichnete Freud – und Lacan folgte ihm da ganz präzise – die Erarbeitung der psychischen Mechanismen des Menschen als seine ‚Sexualtheorie‘, in der nicht eine biologische Sexualität eruiert wurde, sondern eine projektiv psychische. Das heißt, er benutzte den Begriff ‚sexuell‘ aus der Erwachsenenwelt, bog ihn aber auf die Kindheit als sogenannt ‚infantil Sexuelles‘ zurück. Lacans ‚Begehren‘ ist ein passenderer Ausdruck, der in diesem Zusammenhang das Libidinöse, das Streben nach dem Mehrlust-Objekt bezeichnet. Ist es das, was somatisiert wird und mitverursachend für die Schmerzen ist?

Ja und nein. Diese Projektion des Begehrens passt genau zu der sphärischen Leere, zu dem Nichts und zu

---

[40] Schramm, S., Der Klang des Nichts, SZ vom 7. 11. 2016, S. R7

dem in der Meditation, zurückgezogenen todesähnlichen Zustand, in der man bekanntlich alle Gedanken wegschieben muss. Denn es führt direkt zum ‚Projekt‘, in dem die Projektion des Begehrens zum Halten kommt, also ein nur aufs Subjekt bezogener, aber begehrlich aufgeladener seelischer Zustand, der sich jedoch auf den Meditationslehrer selber richtet, und ihn so zum ‚Abjekt‘ des Begehrens macht.[41] Ich drücke mich hier wieder sehr kompliziert aus, was aber nur als Hintergrund notwendig ist. Wenn das Projekt das Vorgeworfene ist, das Projizierte, dann gilt für das Abjekt, dass es das Weg- und Hingeworfene oder gar Verworfene ist. *Es* ist nur bedingt Subjekt, das Unterworfene, und auch nicht Objekt, das Entgegengeworfene, sondern auch das Abjekt aus dem Lateinischen abicio, wegwerfen und auch verwerfen, wodurch die entstehende Lücke mit etwas ganz *Anderem*, nämlich mit der Uneindeutigkeit der Signifikanten gefüllt wird, mit der *Es Spricht*-Masse, mit dem B(r)uchstaben-Knäuel des *Es Spricht*, das die Meditationsanleitung darstellt, aber auch das ‚freie Assoziieren‘ in der Psychoanalyse fungiert.

Es hat auch Bezug zu Freuds Begriff des „anderen Schauplatzes“, Lacan: zur autre scène, zur Ab-Szene, was auch nach obszön klingt, dem Verdrängten. Denn der Meditationslehrer ist in der Meditation ja gar nicht

---

[41] Pfaller, L., Setschke, M., Theorie und Phänomenologie des Abjekts, Springer Link ‚cultura & psyché‘, 10. 12. 2021.

dabei, so wie der Therapeut in seinem Schweigen den Patienten auch alleine lässt, und so haben beide gerade dadurch eine besondere, ab-szene Wirkung. Ich, der ich hier nur etwas schreibe, muss diese Wirkung durch wissenschaftlich logische Untermalung bewirken, weil ich eben nicht mit der Aura des Magisch-Mystischen arbeite und kein Meditationslehrer oder gar ein Guru bin, aber auch die Psychoanalyse in ihrer klassischen Form zur Behandlung der somatoformen Schmerzstörung – wie beschrieben – für gar nicht einsetzbar halte, auch in ihrer Lacanschen Form nicht, weil sie in der Praxis nicht mehr bringt als die klassische Freud'sche Methode.

Aber für eine Krankheit wie die somatoforme Schmerzstörung ist es wichtig, klar zu machen, warum scheinbar Seelisches, Psychisches, doch einen sehr handfesten Charakter haben kann, der bis in den Bereich hineinwirkt, wo es ein Treffen mit dem Körperlichen zu einem gemeinsamen Schmerzgeschehen deswegen gibt, weil etwas zu Triebhaftes abgewehrt wird? Es muss nichts Libidinöses sein, es kann auch um Aggressives gehen. Das in den Bearbeitungsmodus zu bringen, erreiche ich mit dem Projekt/Abjekt der *Formel-Worte*, die dadurch fast Objekt-Charakter bekommen. Darin liegt das ganze Geheimnis dessen, was ich als Therapie bei mir selbst anwenden konnte und ich auch so in der *Analytischen Psychokatharsis* weitergeben will.

Wer also fest daran glaubt, dass der Schmerz ausschließlich durch Gene (DNA), Entzündungsstoffe wie

Autoantikörper, Erreger oder Chemikalien erzeugt wird, kann hier trotzdem weiterlesen. Als Facharzt für Allgemeinmedizin berücksichtige ich selbstverständlich auch all diese Aspekte, jedoch nur als die eine (und vielleicht sogar geringere) Hälfte des Morbiditäts-Geschehens. Vordergründig kann ich dann jedoch Hilfe bringend sagen, dass es beim Schmerz auch um das Projekt/Abjekt eines versteckten Begehrens geht, was die Sache wieder in die andere Richtung interessant macht. Schließlich ist der „Schmerz ja eine Runde länger als die Lust", wie Lacan meinte, und damit ist der Schmerz zweifelsohne auch etwas Ur-Subjektives und gleichzeitig ‚Objekthaftes' im Sinne eines Triebs. Etwas rein Objektives kann man freilich nicht sagen, der Schmerz kann nicht vom Ich projiziert werden, aber essentiell, originär im Sinne der Freud'schen ‚Sexualtheorie', ist er im Fall der Somatisierungsstörung nicht Unlust, sondern eben eine zurückgeworfene, versteckte, abgespaltene ‚Mehrlust', die vom *Es* projiziert wird. Solche Bemerkungen rufen Widerspruch hervor, denn es hört sich höhnisch und missachtend an, der somatoformen Schmerzstörung ein derart verstecktes Begehren zu unterstellen. Doch es ist ja nicht das Ich, das das bewirkt wie bei den Neurosen, sondern das *Es*.

Zudem bringe ich das Begehren, die Libido oder die Aggressivität, ja nur als Schachzug in diese seltsame Kombination von Soma und Psyche ein, weil mit dieser *Es Spricht*-Masse, mit diesem Projekt/Abjekt, das Subjekt in Wallung gebracht werden kann, wie es auch Freud verstanden und getan hat. Freud war kein Sexist, aber er brauchte die Sexualtheorie, um die Patienten zu motivieren, Intimes herauszugeben, das aber dann gar nicht das Ursächliche war, sondern eben nur das Projizierte und Abjektive, das sozusagen hintenherum etwas einführt, das vorn herum gar nicht gemeint ist und doch dort wirkt. In einer Wissenschaft v o m Subjekt ist das kein Widerspruch. Vor allem nicht, wenn es ums Werden geht und nicht so sehr ums statische Sein. Trotzdem ist *Es* Begehren.[42]

Werden kann nur aus der Eins stammen, die schon als Sein, also von der Ursache her, sozusagen retroaktiv, als Affekt (Denken) besetzt ist. Es geht um den/das *Andere,* das als Bestätiger des Leidens des Einzelnen in der somatoformen Schmerzstörung gelten kann. Auch der Künstler benötigt den *Anderen*, A, auch in diesem Fall als Bestätiger, Beglaubiger seiner Kunst. Van Gogh verkaufte kaum ein Bild, aber der/das *Andere* in ihm beglaubigte und bestätigte ihm, dass er etwas Gutes, Neues, Originelles gemalt hatte. Ohne solch eine Eigen-Bestätigung und Gewissheit hätte er nicht überlebt.

Dagegen ist das verworfene, versteckte, ur-verdrängte Begehren ein Trauma, das gleichzeitig etwas Gültiges,

---

[42] Dann verhält es sich wie ein Tier, wie ein Parasit, den man in sich hat. Es handelt sich aber nicht um ein reales Tier, sondern um ein projiziertes, abjiziertes *Anderes/Anderen*.

Beglaubigtes ist, etwas strukturell Wesentliches, das erlitten wird, aber Verständnis und Geltung vermittelt. Dieses Geltende, Gültige, hat auch ein Pendant, etwas ihm ganz neutral Gegenüberstehendes, nämlich das autochthone Genießen, das Lacan die ‚Jouissance' nennt, und das andere Autoren auch als das weibliche Genießen verstanden. Die Psychoanalytikerin R. Golan schilderte, dass dieses Genießen auch Schmerz und Leid einschließt, es „beinhaltet aber auch Universalität, Höhe, Grenzenlosigkeit, Erkenntnis, Freiheit und Glückseligkeit", meinte sie, also ebenso etwas wie die meditative Katharsis.[43]

Auch der Schmerzgestörte ist jemand, bei dem das Wissen ums Genießen eine große Rolle spielt, aber als Patient ist er – wie erwähnt – in der gleichen Position wie der Knecht bei Hegel oder der Arbeiter bei Marx. Ein bisschen ist der Patient auch das ‚Mehrlust-Objekt' der Ärzte – ich habe mich selbst manchmal in der Situation gefühlt, wo man den Patienten mit Medikamenten überhäuft, mit ihm noch eine Operation bespricht und weiter ein paar Eigenanstrengungen aufhalst, und sich dann in der angeblichen Heilung sonnt. Aber ist der Kranke unbewusst nicht auch sein eigenes Mehrlust-Objekt, freilich nur, wenn er ständig an seine Krankheit denkt?

Nun kann er sich nicht wie Lacan es im analytischen Diskurs fordert, wo der der Therapeut in der Agens-

---

[43] Golan, R. Loving Psychoanalysis, Karnak (2006)

Position sich selbst als Mehrlust-Objekts verstehen muss, sich zum Eigen-Therapeuten machen. Denn als Patient befindet er sich ja selbst als Knecht im Hegelschen Herren-Diskurs. Wohl aber kann er sich dort im Gewand des *Formel-Wortes* in die Agens-Position begeben um nunmehr das Wissen ums Genießen in der Produktions-Position als *Pass-Wort* aufzurufen, denn nur das wird ihn heilen. So etwas gelingt freilich nur in der *Analytischen Psychokatharsis*, deren zentrale Begriffe wie *Formel-* und *Pass-Wort* auch ihre entscheidenden Diskurs-Positionen haben wie ich es im Anhang I beschrieben habe und mich entschuldige, dass ich hier vorgegriffen habe.

Wenn sich der Therapieverlauf sehr zäh gestaltet, kann das Betäuben des Schmerzes manchmal nötig sein, aber entscheidend ist es, den Diskurs der *Analytischen Psychokatharsis* im Hintergrund weiter zu führen und die Widerstände, die es oft gegen die *Formel-Worte* gibt, zu überwinden. Ich schilderte ja, dass in der Psychoanalyse fast immer Widerstände gegen die Aufdeckung der Wahrheit aus dem Unbewussten existieren. Das passiert natürlich auch in der Therapie der *Analytischen Psychokatharsis*, wobei sich hier die gleichen Widerstände darauf richten, was man seltsam findet wie beispielsweise eben die *Formel-Worte*. Deswegen habe ich schon angedeutet, dass es gut ist, wenn man die *Formel-Worte* mögen kann. Man sollte sich auf sie einlassen, sich von ihnen einwickeln und wegtragen lassen.

Umgekehrt wie in der klassischen Psychoanalyse, wo hauptsächlich der Patient redet und der Therapeut nur gelegentlich eine knappe Interpunktion zu dem Gesagten liefert, bedarf gerade der somatoform Schmerz-Kranke in der Meditation speziell der Gewissheit, dass sein Inneres, aus dem ja sein Schmerz somatisch (projektiv/abjektiv) geformt herauskommt, Heilendes in sich selbst dagegen formen und dagegenwirken lässt, und somit selbst-autorisierend wirkt. Doch wie kann das gehen, eine Art der Selbstheilung oder des Selbsterfundenen, das das nicht zu eigensinnig wird? Es braucht – nochmals gesagt – das rein f o r m a l e Instrument, in dessen originärem, reinem Sprechen gar nichts verbal vermittelt wird, in dessen logischer, signifikanter Formung der Krankheitsherd selbst, und nur er, angesprochen wird. In dem überhaupt nur *Es* selbst etwas sagt, *Es*, das Geschehen in ihm selbst.

Das gedankliche Wiederholen solch eines *Formel-Wortes*, das eben gerade nichts bedeutet, das leer ist, das – wie Lacan anmerkt – auch aus toten Signifikanten besteht, zwingt das Unbewusste, das herauszugeben, was in ihm an Verdrängten nach außen drängt – oder, wie Lacan sagt – „was im Unbewussten darnach drängt, sich erkennen zu geben".[44] Während das gedankliche Wiederholen von etwas, das nichts bedeutet, den meditativen Teil der *Analytischen Psychokatharsis* darstellt,

---

[44] Lacan, J., Seminar IX, Die Identifizierung, 7. Vortrag.

besteht der psychoanalytische Teil der Methode in der Wahrnehmung und Deutung des ‚sich zu erkennen Gebenden' (des Verdrängten). Es geht um das, was ich bereits mit dem Begriff der *Pass-Worte* angedeutet habe, die im Nach-innen-Hören wahrgenommen werden können und die ich im nächsten Kapitel ausführlich beschreiben will.

Mit Hilfe von *Formel-* und *Pass-Worten* wird die Verbindung der beiden Kräfte des Begehrens ermöglicht, zumindest verbessert, und wenn es so wellenförmig geschieht, wie ich es (im *Es*, als *Es*) geschildert habe, kommt auch eine gewisse Stärkung, Beruhigung und Ahnung von Heilung zustande. Die Kraft des Begehrens, der Trieb, kehrt damit zwar damit genauso wie in den anderen Diskursen zu sich selbst zurück, aber er wendet sich in der *Analytischen Psychokatharsis* dem anderen Trieb in einem selbst zu, was zu einer völlig neuen Begehrens-Konstellation führt, die das Unbewusste, das Verdrängte, Abgespaltene, nicht in immer neue falsche Diskurse lenkt und ungeklärt lässt, sondern in Katharsis und im *Pass-Wort* zur völligen Aufklärung führt. Das, was in der somatoformen Schmerzstörung unglücklich, unreif, ungut, unpassend miteinander verknüpft ist, kann im wort-wörtlichsten Sinne ‚eingesehen' und in seiner Verknüpfung anders und neu ‚ausgesagt' werden.

Ich zeige hier oben nebenan noch eine Abbildung eines anderen *Formel-Wortes*, das im Kreis geschrieben sein muss, denn es wirkt dadurch, dass es von ver- schiedenen Buchstaben aus gelesen je-  weils eine andere Bedeutung vermittelt (Bedeutungen am Ende des Kapitels). Und um das zu ermöglichen, muss es im Kreis herum gelesen werden, denn man muss am Ende wieder von vorne anfangen können. Ver- wendet ist also die lateinische Sprache, in der eine der- artige Buchstabenkombination leichter zu finden ist als anderswo. Zudem gilt es seit jeher als die Sprache der Gelehrten, oder als die lingua franca der geistigen Welt. Ich will sogleich am Ende des Kapitels die Auflösung der einzelnen Bedeutungen liefern und dabei auch er- klären, warum diese Art von formalisierter Sprache, von fast wie Heraldik wirkender Ausdrucksweise, von lo- gifiziertem Spruch und wissenschaftlichem Talisman die beste Form ist, um eine Meditation zu stützen.

Gerade weil das *Formel-Wort* keinen Sinn hat, da sich alle in ihm steckenden Bedeutungen konterkarieren, also auf keinen gemeinsamen Nenner zurückführen las- sen, treibt es in seiner mentalen Wiederholung die Me- ditation hoch bis zur Katharsis, die die körperhaften, körperorientierten, körperbezogenen Wellen, Schwin- gungen bewirkt, die vom Schmerz befreien – und, was noch viel wichtiger ist, im Sinne einer zweiten Übung (einfache Konzentration auf den inneren Ton, Laut,

Sprachlaut) auch die Wahrheitsgewissheit so stärken, dass es zum Entstehen eines *Pass-Wortes* als einer analytischen Funktion, einer Deutung, kommt. Ich musste das in einem so langen, einzigen Satz sagen, weil es so auch passiert.

Und ebenso nochmals: Der Ansatzpunkt zur Klärung der somatoformen Schmerzstörung muss die Vielfältigkeit aller Symptome berücksichtigen und man muss somit auch ganz grundsätzlich – ich sage jetzt einmal völlig überheblich und mit sehr forderndem Anspruch – ein bisschen auch Welt und Wahrheit neu ordnend zusammenstellen. Natur- und Geisteswissenschaften haben sich nämlich noch bis vor etwa hundert Jahren ganz gut etabliert bewährt und für Forschung in beide Richtungen (physisch und psychisch) in etwa genügt. Mit Hegel als Philosoph, Marx als Soziologe, Freud als Neuro-Psychologe, und schließlich weiteren neuen Wissenschaften wie Linguistik, Informatik, aber auch so etwas wie Quanten-Gravitation in der Astronomie bis hin zur heutigen Künstlichen Intelligenz als kognitionswissenschaftlicher Technik, ist es äußerst schwierig geworden, welche Wissenschaft wenigstens annähernd eine Leitwissenschaft für heute sein könnte. Ich setze für eine derartige Funktion auf die durch Lacan mittels der Sprachwissenschaft, Mathematik und Psychoanalyse besonders brillant und umfassend entwickelte Lehre.

In der psychoanalytischen Therapie hilft die Inadäquatheit der Übertragung dem Analytiker eine Deutung

anzubringen, denn er selbst ist mit dieser Übertragungs-
Liebe gar nicht gemeint, so dass die Übertragung dieses
Unpassenden aufgelöst (analysiert) werden kann und
muss. Darin liegt der therapeutische Hebel. Im Alltag –
also außerhalb einer therapeutischen Beziehung – ist der
Übertragungsvorgang meist nicht so ausgeprägt, aber in
der Hypnose beispielsweise, die Freud früher auch zur
Behandlung anwendete, kommt sie direkt sichtbar –
wenn auch nur kurzfristig und für heute wenig geeignet
– zur Wirkung und kann für meinen Zweck des eigenen
Verfahrens in Form der *Analytischen Psychokatharsis*
als reines Beispiel herausgestellt werden. Denn die
Übertragung ist eine unglaublich starke Kraft und für
die Therapie auch der somatoformen Schmerzstörung
wesentlich.

In der Hypnose hängt der Patient nämlich sein Begehren
ganz an die Stimme des Therapeuten, er überträgt unmittelbar Gefühle, Bedeutungen, unbewusste Wünsche
auf diesen Stimmgeber, diesen suggestiven Sprecher, so
dass sich das Innerste des Patienten mit der Übertragung
und Gefühlsübersetzung weit öffnet, und aus dem Unbewussten verdrängte Erinnerungen auftauchen, die zur
Heilung wichtig wären. Sie müssen aber so lange, wie
diese eben auch Katharsis zu nennende hypnotische Ge-
stimmtheit anhält, interpretativ genutzt werden. Doch
im wieder zum Wachsein zurückgekehrten Patienten
verblassten die in Hypnose wahrgenommenen Inhalte
und Wellen-Erfahrungen, so dass ihre Verwendung gar

nicht mehr zur eigentlichen Wirkung kam. Deswegen wandte sich Freud der Behandlung rein mittels der Worte und der sprachlichen Ausdrücke zu.

Er wechselte sozusagen von der Dominanz des direkten *Es Strahlt* zu der des interpretativen *Es Spricht*. Das war ein Vorteil für das verstandesmäßige Verstehen, das dialogische Einkreisen und Kommunizierbare, aber ein Nachteil für das Erleben, für das leibhafte Erfahren, für das direkt durch die Katharsis Heilende. So sehr die Vorteile der sprachlichen Bedeutungsnähe zu sehen sind, war aber auch ein Nachteil zu vermerken, denn ein wichtiger Zugang zum Unbewussten wurde wieder aufgegeben, der zur inneren Befreiung, die so plastisch und reichlich Erinnerungs-Material und eben diese kathartischen Vibrationen geboten hatte.

Die in der hypnotischen Trance, im autochthonen Genießen dieses noch gerade bewussten Halbschlafs, das doch zur Therapie hätte helfen können, ging verloren, da der Patient, wieder aufgewacht, nichts ernsthaft erinnern konnte. Die Psychoanalytiker fanden bisher keine Methode, etwas davon wieder zurückzubringen, ohne die neuen Errungenschaften aufzugeben. Jahrhunderte lang hatten Mystiker derartige Erfahrungen zur Heilung ihrer Probleme verwendet. Sie mussten sich allerdings an die damals herrschenden religiösen Vorstellungen anpassen, was sie auch in Konflikt mit den Obrigkeiten in Kirche und Politik brachte und damit zur Heilung echter Krankheiten noch weniger geeignet waren als die klinische Hypnose.

Etwas anders stellt sich die Situation jedoch in der *Analytischen Psychokatharsis* dar, wo man nicht in solch tiefen hypnotischen Halbschlaf gerät. Dank der in den *Formel-Worten* stabilisierten sprachlichen Überdeterminierung (Wikipedia: Verursachung eines Effekts durch mehrere sich überlagernde Faktoren), kann man in der Meditation durch tausende von Imaginationen geführt werden, ohne Gefahr zu laufen, vom Unbewussten überflutet zu werden. Ich habe im 3. Kapitel von den zu sehr genussvollen Phantasien geschrieben, die wie bei Goethes Zauberlehrling zur Inflation des Unbewussten führen können. Um ein anderes Vorgehen geht es jedoch, wenn die Inflation doch einigermaßen reguliert und gesteuert wird, wie ich es bezogen auf die Musik beispielsweise an den Protagonisten Pamina und Pamino in der Zauberflöte gerne erwähne. Sie konnten durch Sarastros Meditations-Anleitung und durch das, was ich auch mit dem italienischen ‚fra due fuochi', der Einklemmung zwischen zwei Feuern der Signifikanten gemeint habe, gesichert zum Ziel gelangen.

Um diese Einklemmung oder Inflation zu meistern, braucht es die Überdeterminierung, die beispielsweise im Traum mehrere kleine Traumbilder zum einem starken, beeindruckenden Traumgeschehen zusammenfügen, das aber irrational bleibt. Umgekehrt nun in der *Analytischen Psychokatharsis.* Hier liegt in den *Formel-*

Worten eine Überdeterminierung von sich überlagernden, sich überschneidenden sprachlichen Bedeutungen vor, die zwar auch wie die zu vielen sich durchflutenden Phantasie- oder Traumbilder eher ein Chaos erzeugen als einen Sinn. Aber während man die Bilder filtern, zerlegen und differenzieren muss oder kann, um sie sprachlich zu einem Sinn hin zu deuten, der ständig wieder verloren geht, zwängen die *Formel-Worte* durch ihren paradoxen Unsinns-Sinn, durch ihr sprachlich Konterkarierendes, das Bildliche, das imaginäre Unbewusste in eine linguistisch regulierte Form, die man sich in Ruhe ansehen bzw. anhören kann, solange man die *Formel-Worte* wiederholt und in der Katharsis darüber hinaus geht.

Die Katharsis in der ersten Übung geht mit der Fähigkeit zu einer Schau im uferlos imaginären Unbewussten einher, doch wer wird sich das antun? Freilich kann es faszinierend sein. Ich habe mir selbst in dieser Halbtrance der Meditation ein paarmal das Meer vorgestellt, phantastisch, überwältigend! Die inneren, von der Katharsis hochgespülten Bilder sind traumhafter, bezaubernder und farbig leuchtender als die äußeren, und so glitt ich über die Wellen dahin und sah ein verlockendes Land vor mir auftauchen, wo verlockende Menschen wohnten – doch halt! Das war ja noch prekärer als die bewusst gemachten Phantasien, ich wäre da nicht mehr zurückgekommen, wenn ich dort – im Zauberland – vergessen hätte, die *Formel-Worte* weiter zu reverberieren.

Aus diesem Grund habe ich empfohlen, die *Analytische Psychokatharsis* behutsam anzuwenden, und in der Katharsis nur auf das Luzide, das *Es Strahlt* und Erhellende des ‚Strahltpunktes' (das ‚Licht' im Surat Shabd Yoga) zu achten, der den Mittelpunkt jeder topologischen Figur einnimmt – und sodann auf die zweite Übung mit dem nach innen Hören auf den ‚Ton', auf das *Es Spricht* überzugehen. Visionen lenken nur vom eigentlichen Ziel der Krankheitsbewältigung ab und führen in die Irre. Ich habe die gleiche Übung wie mit dem Meer auch einmal mit einem phantastischen Berg gemacht, auch dieser wieder betörend herrlich hoch gewölbt – doch hoppla, war das nicht Freuds Phallus, die mächtige phallische Turgeszenz, der Ödipus zwar bei der Sphinx noch ausgewichen, aber bei Iokaste, der eigenen Mutter, ins Unglück gefallen ist?

Nur ein moderner, wissenschaftlich begründeter Angriffspunkt kann der richtige sein, denn es kommt von den Ur-Schichtungen der Gefühls-Bedeutungen, der intimen Zuwendungen aus dem eigenen Inneren als kathartisches Geschehen her, und ist sogar noch geladen mit einer Deutung, eben derjenigen der *Pass-Worte*, zu denen ich im nächsten Kapitel komme. Etwas pauschal, simplifiziert, ja fast volkstümlich ausgedrückt ist die Katharsis, die gespürte positive Übertragungsliebe eine Liebeserfahrung (auch im Zuge der körperhaften Wellen und Schwingungen des ‚Durchrieselns'), in die man sich mittels der *Formel-Worte* hineinsteigert, was nichts anderes ist als „eine Liebe zu sich selbst, die glücklich macht", wie ich es von dem Buchtitel der Psychoanalytikerin M. Mitscherlich gerne zitiere.

Doch vorerst letzte Erklärungen zum *Formel-Wort*: Von verschiedenen Buchstaben aus im Uhrzeiger Sinn gelesen ergeben sich also verschiedene ganzheitliche Bedeutungen, die oft nichts Besonderes sagen, manchmal auch kurios oder unsinnig sind. Doch das stört nicht, wichtig ist, dass es wirkliche Bedeutungen sind, die – alle zusammengenommen – keinen Sinn ergeben. Denn übt man solch eine Buchstabenfolge in einer Meditation, soll ja kein vorgeschobener, kein schon vorgefertigter Sinn die authentische, ursprüngliche Rede im Unbewussten beeinflussen. Es soll so zugehen, wie Lacan es von der letztlichen Deutung schrieb, die „nicht so sehr auf den Sinn als vielmehr darauf zielt, die Signifikanten auf ihren Nicht-Sinn zurückzuführen. Damit soll es gelingen, die Determinanten des gesamten Betrags des Subjekts wieder aufzufinden".[45]

Das heißt, der Proband – egal ob er sich in einer Lacanschen Psychoanalyse befindet oder mit den Übungen der *Analytischen Psychokatharsis* beschäftigt ist – muss in den letzten Untergrund des Unbewussten eintauchen, der aus dem Knäuel der Signifikanten, der aus dem Sprachprogramm am genannten Nullpunkt her

---

[45] Lacan, J., Seminar XI, Die vier Grundbegriffe der Psychoanalyse, Walter Verlag (1980) S. 222

kommt, wo die Sprache, ja selbst ihre Syntax, ihr ‚universales Gemurmel' – so Lacan – aus den tiefsten Tiefen des *Es Spricht-Es Strahlt* kommen lässt. Die Signifikanten ordnen sich durch ihre gegenseitige Signifikanz, eine Besonderheit, die man heutzutage durch die Künstliche Intelligenz und ihre Wahrscheinlichkeitsstatistiken in etwa verstehen kann.

Doch das menschliche Subjekt ist keiner einengenden Statistik unterstellt wie die KI, sondern dem wie eine Sprache aufgebauten Unbewussten, das unermesslich weit gefächert und vor allem an Verdrängungs-, Abspaltungs- und Verwerfungs-orientiert ist. Speziell damit ermöglicht das unbewusste Seelische individuelle Aussagen, während bei der Künstlichen Intelligenz nur Pauschal-Aussagen herauskommen, die nichts Persönliches für den Betreffenden enthalten, auch wenn es so scheint. Ich erwähne hier die in der neuesten Veröffentlichung über die KI äußert kritisch beleuchteten ‚Klassifizierungen', die noch inkorrekter ausfallen als die Wahrscheinlichkeits-Statistiken und Ähnlichkeiten der KI.[46] Während eine Statistik als ein arithmetisch zusammenfassender Überblick hilfreich in technischen Spezialfällen sein kann, ist im Gegenteil dazu die *Analytische Psychokatharsis* mit den *Formel-Worten* hilfreich durch ihren umfassenden Einblick ins originäre Unbewusste und durch ihre B(r)uchstaben-Provokation mitten im

---

[46] Crawford, K., Atlas der KI, C. H. Beck-Verlag (2024)

Feld des Begehrens und der unbewussten Wünsche, also wichtiger, wesentlicher und wertvoller für den Menschen.

Ich weise nochmals darauf hin, dass solch ein umständlicher, oft kurioser Weg meiner Ausführungen notwendig war und auch weiterhin noch ein bisschen sein wird. Dass ich selbst zu meiner eigenen Heilung, schon bevor ich dieses meditative Verfahren entwickelt habe, beitragen konnte und nicht andere Ärzte einschalten musste, zeigt jedoch, dass der in Richtung Meditation eingeschlagene Weg nicht falsch war. Aber so wie von Kirpal Singh gelehrt, konnte ich ihn nicht weitergehen. So war er zu sehr auf eine nicht aufzulösende Übertragung und indischen, mythischen Traditionalismus festgelegt, wobei ich ihn selbst nur kurz gekannt habe und nur zweimal ein dreiminütiges Gespräch mit ihm hatte. Doch das war ausreichend.

Viel reden ist in der Meditation nicht notwendig und auch hinsichtlich der Psychoanalyse erwähnte ich ja schon mehrmals das Gleiche bezüglich des Schweigens des Therapeuten, der den Patienten also durch Entsagung analysiert. Nur so nämlich – behauptet Lacan – führt der Psychoanalytiker die inadäquat auf ihn gerichtete Übertragung an ihre Grenze, an ihr Ende, und nur so „erzeugt der Analytiker den Tod durch sein Schweigen, wodurch er eben der *Andere* ist", der *Andere* als niemand, als leerer Spiegel – denn es darf kein anderer drin sein – für seinen Patienten.[47] Das ist so lange wichtig bis dieser mit dem Nullpunkt in sich selbst kommunizieren kann, weil das das Einzige ist, was in jeder Krankheit hilft. Obwohl ich selbst viele Psychoanalysen durchführte, konnte ich genauso wie im Surat Shabd Yoga damit nicht groß werden, weil dieser radikale Umgang mit dem Unbewussten in der herkömmlichen Psychoanalyse nicht vorkommt.

Von den Medikamenten zur Therapie der somatoformen Schmerzstörung habe ich schon eingangs einige erwähnt, die meisten aber weitgehend ausgeschlossen, weil zu stark den therapeutischen Prozess beeinflussende Medikamente einen Gesamt-Erfolg stören könnten. So empfehle ich die üblichen bei dieser Krankheit verwendeten Opioiden oder Antidepressiva nur im extremen Sonderfall. Ich selbst habe gelegentlich herkömmliche Schmerzmittel wie Ibuprofen in der Dosierung von 400 Milligramm eingenommen, was eine gewisse, eher nur mittelgradige Wirkung hatte. Natürlich kann man mehr davon nehmen, in den Kliniken wird damit nicht gespart.

Gelegentlich habe ich zu einem Betablocker wie z. B. Bisoprolol gegriffen, und dies in der niedrigen Dosierung von 2,5 Milligramm. Mir war dieses Medikament ebenfalls aus der Herz-Kreislaufklinik bekannt, von der

---

[47] Lacan, J., Seminaire XVIII, Édit. Seuil (2006) S. 149

ich erzählt habe, und es hat stets geheißen, dass es ideal beim sogenannten Lampenfieber, also Angst-Unruhe Zuständen wirkt. Auch Gabapentin kann hilfreich sein, da es besonders für neuropathische Schmerzen entwickelt wurde, aber es macht müde, ich habe es nur kurze Zeit ausprobiert. Ein anderes Medikament wäre z. B. das Antihistaminikum Desloratadin, ebenfalls nur 2,5 mg. Histamin ist ein Neurotransmitter in den mittleren und unteren Gehirnregionen und spielt wahrscheinlich eine Rolle in der somatoformen Schmerzstörung..

Da ich auch manchmal allergische Symptome habe, erhoffte ich mir Besserungen auch für die somatoforme Schmerzstörung. Aber der Effekt war nur sehr gering, und ich denke, eine völlige Beschwerdefreiheit durch Medikamente strebte ich ohnehin nicht an. Ich will den Impuls zur Ursachenforschung dieser Krankheit nicht verlieren. Mit diesen Bemerkungen will ich erneut vermitteln, dass ich kein Gegner der naturwissenschaftlichen Medizin bin. Man muss lediglich bescheidene Dosierungen und Unterbrechungen ansetzen, um *Es* nicht zu sehr zu strapazieren und um noch etwas für den eigenen Kampf gegen die Erkrankung übrig zu haben.

Käme eines Tages ein brauchbares Medikament – eventuell immunologisch wirksam – für die somatoforme Schmerzstörung auf den Markt, würde ich voll dafür plädieren. Aber es muss einen wirklich spezifischen Angriffspunkt haben. Um die positiven Wirkungen der *Analytischen Psychokatharsis* nicht zu stören, ist es freilich empfehlenswert, behutsam mit anderen Medikamenten umzugehen. Ich selbst bin seit Beginn der Krankheit auch auf pflanzliche Kost umgestiegen, habe Alkohol gemieden und – ausreichend – Sport betrieben. Ich hatte also keine Belastungsintoleranz, wohl aber auch manchmal Fatigue-Symptome, gegen die Kaffee nicht schlecht war. Hat man einmal in die *Analytische Psychokatharsis* Vertrauen gesetzt, lässt sich mit den bisherigen Medikamenten besser umgehen und lassen sich zusätzliche allgemein-therapeutische Methoden ins Geschehen besser einbinden.

6. Pass-Worte

Ich komme noch einmal zurück zum ersten Kapitel, in dem ich die unterschiedlichen Auffassungen zu Ursache und Therapie der somatoformen Schmerzstörung, aber auch anderer, ähnlicher Erkrankungen beschrieben habe. Ich erinnere daran, wie man körperlicherseits – sozusagen von der Gilde der Naturwissenschaftler her – versucht hat, immunologische Veränderungen zu finden, die mit entsprechenden Medikamenten behoben werden könnten, oder Impfstoffe herzustellen, die die beteiligten Viren angreifen und neutralisieren würden. Teilweise glaubte man, durch die erfolgreiche Welle der RNA-basierten Wirkstoffe das somatoforme Geschehen erklären und auch behandeln zu können. Das kann man alles nur begrüßen, wenn auch die beteiligten Forscher zugeben, dass der definitive Beweis einer Wirksamkeit noch lange dauern wird und selbst dann die Frage offenbleibt, wie ausgeprägt der Erfolg sein würde.

Aber auch in Psychotherapie, kognitiver Verhaltenstherapie und herkömmlicher Psychoanalyse besteht das gleiche Problem. Selbst Lacans fortschrittliche Erweiterung und Vertiefung der Kenntnisse unbewusster Faktoren hat in Bezug auf die urverdrängten, abgespaltenen psychischen Komplexe zwar theoretisch weitergeführt, aber in der Praxis von Somatisierungsstörungen müsste nachgebessert werden, wozu ich glaube, mit der *Analytischen Psychokatharsis* etwas beitragen zu können.

Dazu wende ich mich nochmals kurz den Signifikanten zu, die deswegen wichtig sind, weil man damit mehr erreichen kann, als es mit der befreienden Erfahrung der Katharsis allein möglich ist, von der ich ja berichtet habe, dass sie nicht allzu lange anhält. Denn die Signifikanten, diese symbolischen Einheiten, die das Wort-Wirkende, das *Es Spricht* ausmachen, sorgen auch für das Dauerhafte, für die Nachhaltigkeit, wie man modernerweise sagt. Dass sie mehr sind als Worthülsen, auch wenn sie durch ihre Mehrzahligkeit und ihre Bedeutungs-Schwankungen Ungenauigkeiten hervorbringen, ändert nichts daran, dass im Gegensatz zur Erscheinung, zum *Es Strahlt*, das Wort, das *Es Spricht*, lange im Gedächtnis bleibt.

Die Sache lässt sich auch so beschreiben: „Das Tier verwischt seine Spuren und legt falsche Spuren, die man für die richtigen halten soll. Macht es deshalb Signifikanten? Es gibt etwas, das das Tier nicht macht: Es legt keine falschen Spuren, um uns glauben zu machen, sie seien falsch. Es legt keine falschen falschen Spuren – was ein, ich würde nicht sagen, grundlegend menschliches, sondern gerade grundlegend signifikantes Verhalten ist. Genau da ist die Grenze. Verstehen Sie mich richtig: Spuren, die gelegt werden, damit man glauben soll, sie seien falsch, aber nichtsdestoweniger die Spuren dessen sind, dass man da wirklich vorbeigekommen ist, exakt das will ich sagen, dass genau *da* ein *Subjekt* sich vergegenwärtigt. Wenn eine Spur dazu angelegt ist, dass man sie für eine falsche Spur halte, dann wissen wir, dass es als solches ein (sprechendes) Subjekt gibt. Dann wissen wir, dass es ein Subjekt gibt als Ursache, und der Begriff der Ursache selbst hat keine andere Stütze als diese.“[48] Diese Bemerkungen Lacans zielen auch ins Zentrum der somatoformen Schmerzstörung.

Die *Formel-Worte* in der *Analytischen Psychokatharsis* legen solche doppelt falschen Spuren, indem sie etwas Festes, Definitives, Klangvolles zu sprechen scheinen, aber in Wirklichkeit sagen sie gar nichts. Sie sagen jedoch etwas hintenherum, indem sie das Unbewusste provozieren, entsprechende Wortgebilde, die ich *Pass-Worte* nenne, aus der Verdrängung oder der seelischen Abspaltung herauszugeben. Durch ihre Provokation wecken sie das Subjekt, das nicht das Subjektive ist, sondern wieder das Projektive/Abjektive, das ich für die somatoforme Schmerzstörung verantwortlich gemacht habe. Das mentale Wiederholen der *Formel-Worte* tönt ja gerade dorthin, ins meditativ Leere, ins meditativ Dunkle, wo es auf das *Es* trifft, das hört und sogar antworten kann. *Es* als *Anderer* oder *Anderes,* aber auch als Dauerhaftes, als Eigen-*Anderes*.

Und weil es eigen ist, kann es einem niemand Anderer sagen. Denn dieser oder dieses „*Andere* ist auch der Ort, an dem sich das sprechende Ich mit dem hörenden Ich

---

[48] Lacan, J., Seminar X, L'Angoisse, Ed- Seuil (2021) S. 69 deutsche Übersetzung aus dem Lacan Archiv.

konstituiert".[49]„*Es* spricht im *Anderen*", und selbst das Freud'sche als sexuell markierte Begehren hat diese Markierung nur deswegen, weil es im *Anderen* seinen Platz hat, weil es der Signifikant des Begehrens des *Anderen* ist.[50] Es sind diese Verwobenheiten, dieses signifikante Verwickelt-Sein, in dem der/das *Andere* auch „Zeuge der Wahrheit" ist.[51] Das hilflose Ich, die begrenzt Wissenden in der Pharmakologie, die nur auf das ödipal Verdrängte spezialisierte Psychoanalytiker, können nur wenig dazu beitragen, was die *Analytische Psychokatharsis* als der von mir titulierte dritte Weg für den Kranken vermitteln soll.

Der im Rahmen der *Analytischen Psychokatharsis* Meditierende bleibt auf einer Spur, die ihn nicht nur die Katharsis erfahren lässt, er wird auch am Ende der signifikanten Bedeutungsketten, der falsch falschen, aber so eben richtigen Spuren beim *Anderen* als demjenigen landen, der/das nicht nur erscheinungs-wirkender Wahrheitsspiegel ist, sondern auch Wahrheits-Wort, Identitäts-Wort, *Pass-Wort*. Ich nenne es *Pass-Wort*,

---

[49] Lacan, J., Écrits, Edition Seuil (1966) S. 431
[50] Lacan, J., Écrits, Edition Seuil (1966) S. 694, wozu passt, dass grundsätzlich das Begehren des Menschen das Begehren des *Anderen* ist, wie Lacan häufig betont. Nicht des kleingeschriebenen anderen seinesgleichen (das kommt auch vor, ist aber nicht so zentral), sondern des großgeschriebenen *Anderen* als solchem, als bedeutendem.
[51] Lacan, J., Écrits, Edition Seuil (1966) S. 807

weil man es in sich selbst wahrnehmen, hören kann, geprägt vom eigenen Unbewussten, in dem auch die Krankheit letztlich ursächlich versteckt ist und es mit der eigenen Identität zu tun hat.

Ausführlicheres dazu im Anhang, wo auch die Praxis der *Analytischen Psychokatharsis* detailliert geschildert ist. Lediglich zwei Beispiele für ein derartiges *Pass-Wort* will ich noch geben. Bei dem ersten handelte es sich um eine Probandin, die mit der Methode der *Analytischen Psychokatharsis* schon längere Zeit geübt hatte, sich aber auch ein wenig in psychoanalytischer Literatur auskannte, weil sie Psychologin war. Nachdem sie in der ersten Übung ein paar *Formel-Worte* rein gedanklich wiederholt und eine befreiende Luzidität (Blick-Bild, das *Es Strahlt,* ‚Strahltpunkt') kathartisch wahrgenommen hatte, konzentrierte sie sich in der zweiten Übung auf den ‚Laut' (das Wort-Wirkende, das *Es Spricht*). Wie von ferne kommend, leise, aber doch klar, vernahm sie nach einiger Zeit der Meditation den Spruch: „Schwarz gehört!"

Schwarz gehört!? Was heißt das!? Die Psychologin fühlte sich schon allein von der Tatsache, dass es ein inneres Hören gibt, etwas überwältigt. Und dann: Schwarz gesehen, so etwas sagt man schon öfter, wenn man pessimistisch ist. Aber schwarz gehört!? Na klar, sagte sie mir, „man kann schwarz fahren, schwarz Geld umtauschen und eben auch schwarz hören, denn genau das ist es doch: Es geht in der Meditation nicht um das normale Hören mit dem Ohr, auch nicht um das Hören mit dem ‚Dritten Ohr', wie es der Psychoanalytiker T. Reik einmal formulierte." Er hat es sogar poetisch originell gesagt, aber wissenschaftlich würde man das anders nennen. Und überhaupt, hat man nicht im Krieg den Ausdruck oft gebraucht, wenn es um das Hören verbotener Radiosender, speziell der Feindsender, ging? Ja, Schwarzhören war im Krieg ein ‚Rundfunkverbrechen' und auch heute noch gibt es an Universitäten Schwarzhörer, die unerlaubt in Vorlesungen gehen oder solche, die verbotenerweise Telefone abhören.

Meiner Probandin fielen dann auch relativ schnell die wichtigen Dinge ein, die sie wohl mehr oder weniger ‚schwarz gehört', die sie aber auch selbst verbreitet hatte, nämlich all die Intrigen, Mauscheleien und die hinter vorgehaltener Hand geflüsterten Sätze. Sie waren doch nichts anderes gewesen als im Schwarzdunklen getauschte Kommunikationen. Man hätte sie nicht hören und sprechen sollen, so wie man auch die ins Unbewusste hin verdrängten Gedanken und Bedeutungen nicht hören will. Wer will schon die eigenen, niedrigen, unguten Gedanken hören, die man bei sich nicht mag?

Niemand sitzt dabei, wenn man beim Meditieren etwas in sich hört, und doch handelt es sich um etwas manifest Gesagtes. ‚Hast du etwas heimlich, also schwarz gehört?', fragte sich meine Probandin schließlich und fühlte sich dadurch noch etwas weiter überwältigt. „Ich habe mich ertappt gefühlt, aufgeschreckt, und tatsächlich fiel mir ein, dass ich als Kind ein Gespräch meines Bruders belauscht habe, und das hatte alle möglichen Konsequenzen", berichtete sie. Etwas belauschen ist etwas Ähnliches, vielleicht Umgekehrtes, wie ein Sich-Versprechen. Im Verborgenen sich tummelnde Laute enthüllen sich und überwältigen einen. Aber kann man daraus nicht etwas Wichtiges, Gutes, Hilfreiches machen? Bekommt man nicht durch diese intime Stimme des *Pass-Wortes* mehr mitgeteilt als in den tausenden von Social-Media-Kanälen oder von den nur ein wenig in Psychosomatik ausgebildeten Ärzten?

Diese Stimme ist so vertraut, so intim und wahr wie die, die ich von der Heiligen Teresa von Ávila zitieren möchte. Als die Heilige mit ihrem Wagen in einem Fluss umstürzte, hörte sie eine Stimme von oben her sagen: „So behandle ich meine Freunde," worauf sie gewitzt entgegnete: „Deswegen hast du auch so wenige." Es konnte eigentlich nicht die Stimme Gottes sein, sondern um die ihres jesushaften *Anderen,* der im Gegensatz zu Gott eben sarkastisch und ironisch sein konnte. Aber dennoch war es die Stimme des *Es* in einer ‚Ich-Du'-Form eines maliziösen Dialogpartners, der sich – der Intention der Heiligen entsprechend – vor dem Hintergrund eines religiös dominierten ‚Wir' ereignete. Beweist solch ein Vorgang nicht eine gute, gelungene Verinnerlichung? Ist etwas Derartiges nicht besser als ein Herunterleiern auswendig gelernter Gebete oder von apodiktischen Meditationsanweisungen?

Ich versuchte der Patientin ein bisschen Theorie mit dem Lacanschen Begriff der „Echos des Körpers" zu erklären. "Die Ohren können sich nicht verschließen," sagte Lacan, "sie sammeln alles Hörbare ein, das kaum vollständig verarbeitet werden kann."[52] Und weiter: „Es gibt physische Echos und Resonanzphänomene als Ursache für die Sprache. Was ich bin – für mich – für Sie, um voranzukommen, ist etwas, das grundlegend mit dem rein topologischen Ursprung der Sprache verbunden ist. Von dieser topologischen Herkunft kann ich berichten, dass es im Wesentlichen mit etwas verbunden ist, das – im sprechenden Wesen – mit dem Sexuellen geschieht," von dem der Philosoph M. Foucault sagte, „dauernd nur geredet wird, sodass der Eros gar nicht mehr zum Vorschein kommt."[53]

Der Sex würde zur Machtausübung pervertiert, so Foucault, weil ein geradezu „gebieterischer Wille zum Wissen" die gesamte Beziehung zum Eros durchzieht. „Man glaubt, Jahrhunderte lang sei die Sexualität unterdrückt worden und die Macht perfide gewesen, während man doch in Wirklichkeit heute einfach nur in einer Zeit lebt, in der man deswegen so viel von Sex spricht (Sexualwissenschaften, Psychoanalyse etc.), um auf die

---

[52] Lacan, J., Seminar XXIII, Lacan-Archiv (Bregenz) S. 10. Da man die Ohren nicht verschließen kann, also alles ins Körperliche, ins Neuronennetzwerk hineinkommt, verkünden Echos, Widerhallphänomene, also das Unbewusste.
[53] Foucault, M., Short Cuts, Das Abendland und die Wahrheit des Sexes (2001) S. 80-85

lüsternste Weise an der gesellschaftlichen Macht zu partizipieren", so Foucault weiter. Und exakt darum ging es auch bei meiner Probandin, die ein libidinöses, heikles Verhältnis zu ihrem Bruder hatte, das sie jetzt aufwühlte, aber den im Unbewussten seit langem aufgebauten Druck endlich lösen konnte, indem sie in sich davon sprechen hörte und all das Frühere durchdenken konnte.

Derartige signifikant wirkende *Pass-Worte* können also das Kathartische des *Es Strahlt* ergänzen, und zweifelsohne auch im Geschehen der somatoformen Schmerzstörung etwas bewegen, das dauerhaft bleibt. Ich erinnere daran, dass nicht die reife Sexualität des Erwachsenen damit gemeint ist, sondern *Es,* das diesen libidinösen Charakter von der Kindheit her bewahrt hat. Ein anschauliches Beispiel ist auch das des Gourmets, bei dem etwas bezüglich dieses Libidinösen passiert, weil *Es* auch hier *Spricht*. Sein Gaumenkitzel stammt von der Berührung mit der Mutter her, wo es nicht mehr ums Gestilltwerden geht, sondern um die Erweckung eines Assimilierungsbegehrens, der Verschmelzungslust. Der Gourmet versteckt sich hinter dem Vorwand einer lukullischen Wissenschaft, deren Chef der 3-Sterne-Koch ist, oder der des Delikatessengeschäfts, des Konditors und ,amuse-gueule'-Präparators. Ganz klar ist herauszuhören, dass schon die Namen der Genüsse, die man sich auf der Zunge zergehen lässt, den Kitzel erzeugen, den Freud zurecht als infantil Sexuelles deklariert, wenn auch absolut nicht verurteilt hat.

Sicher ist dies also alles nur ‚cum grano salis' zu verstehen, aber ich will deutlich machen, dass dieser zweite Aspekt, der des Nach-innen-Hörens, der der *Pass-Worte*, der verdrängten Identitäts-Worte, die Behandlung der somatoformen Schmerzstörung noch erweitert, vertiefen und abschließen kann. Ich könnte noch hinzufügen, dass in gleicher Weise das innere Gewahrwerden von Lauten, ja allein vom inneren ‚Ton' oder ‚Laut' herkommend, die Echolalie, die musikalische Lust, die genannten Vibrationen erzeugen kann. Alles passiert, weil *Es Spricht*, weil *Es* durch die sogenannten ‚Engführungen der Signifikanten' hat gehen müssen, die vom Luziden, vom ‚Strahltpunkt' des *Es,* herkommen. Diese Engführungen, die Lacan so nennt, werden durch die Schichten des vom unbewussten *Es Strahlt* besessenen, topologischen und typographischen Raumes gebildet und sind in den Signifikanten, dem *Es Spricht*, eng verbunden. Das aus den von Lacan so genannten ‚defiles logiques' herausquellende Hören ist tatsächlich so andersartig, sodass man es bestens als ein ‚schwarz hören' bezeichnen könnte. *Es* ist, als zapfe man in sich einen fremden Sender an, doch es ist nur das/der *Andere* in einem selbst, der/das die Wahrheit vermittelt.

Und um das ging es auch bei dem ‚Laut' am Anfang meiner Erkrankung, den ich mehr als schwarz gehört habe, nämlich als nichtend, als desavouierend, als treffend. Dieser Laut hat sich ins Seelische wie auch ins Körperliche eingegraben, eingeritzt, als Projekt/Abjekt, als Laut, zu dem es eine Hörigkeit gibt, ohne davon gewusst zu haben. Man muss also andersherum vorgehen, also die Ursache der somatoformen Schmerzstörung durch die Wirkung der Therapie erforschen, die eben jeder Einzelne selbst bewerkstelligen kann. Er kann es für sich in seiner individuellen Weise tun, und muss sich nicht an den allgemein pauschalen Erkenntnissen orientieren, die gewiss Hilfen sein können, aber vor allem originär genug sein müssten, um wirklich zu helfen. Dass an dem etwas dran ist, was ich sage, kann ich auch damit belegen, dass der Schmerz nicht nur mit der von mir vorgeschobenen, virtuellen, taktischen Hintergrund-Lust versehen worden war, sondern dass er auch konstruktive, positive Seiten hatte.

Eine davon war zumindest für mich die, dass ich die Krankheit als etwas verstand, was ich als eine Anregung zu einer erweiterten psychoanalytischen Interpretation auffassen konnte, also das erwähnte nicht durch psychische Objekte Repräsentierbare. *Es* kann wenigstens durch die Katharsis erfahren und durch die *Pass-Worte* gehört werden, wenn auch nicht immer richtig verstanden, und vielleicht nur als ‚Ton‘ oder betörende Silbe erfasst werden. Es konnte sehr vereinzelt auch mit Kollegen diskutiert werden, was aber nicht unbedingt notwendig war, denn das ‚unwillkürliche Selbstgespräch‘ mit dem *Anderen* war und ist die beste kollegiale Diskussion. Das werden vor allem Künstler und Literaten – wie eben beispielsweise P. Handke – bestätigen können.

Ich habe im Ausüben der *Analytischen Psychokatharsis* selbst etliche *Pass-Worte* gehört, von denen sehr viele gar nicht verwertbar waren. So etwa: „ist zu machen" oder „nur umgedreht geschaut", was freilich irgendeine Bedeutung hat, die aber einfach zu ungenau, zu pauschal und wohl auch banal ist, um sie zu verwenden. Ich will später nochmals ein anderes *Pass-Wort* als Beispiel von mir selbst bringen. Letztlich bekommt man mit der Zeit ein Gefühl für das, was brauchbar oder gar eindrucksvoll ist. Auch ohne meine Kommentare hätte die Patientin das ‚schwarz gehört' als ausgefallen und bedeutsam erfasst, das in seiner frappanten Art einfach nicht zu vernachlässigen ist. Und so kann auch der ‚Ton', der kein Tinnitusgeräusch ist, etwas sagen. Allein sein Hören lenkt von der Schmerzstörung ab. Ein weiteres *Pass-Wort* also im nächsten Kapitel.

7. Das Urteil und die Quantenwelt

Um das bisher so trocken zum Verständnis der somatoformen Schmerzstörung Geschilderte auch von der literarischen Seite her etwas aufzubessern, will ich mich
zum Schluss F. Kafka mit seiner Erzählung ‚Das Urteil'
zuwenden. Dazu verliere ich mich freilich noch weiter
ins Nichtmedizinische, aber ich komme danach umso
zutreffender wieder zum Schlichten und Originären der
Somatisierungs-Krankheit zurück. Ich berichtete ja,
dass ich im Moment dieses Lautes in meinem Kopf und
des begleitenden Schreckens und dumpfen Schmerzes
das Gefühl hatte, es würde mir ein Urteil, versehen mit
der Mahnung zum endgültigen Ernst des Lebens, zuge-
stellt. Jeder Mensch erfährt vielleicht einmal so etwas
und merkt es erst, wenn es Krankheitsform annimmt
oder sonst in Form eines schweren Schicksalsschlages
völlig lebensverändernd wirkt. Schließlich ist auch der
Tod unterschwellig immer schon irgendwo da. Nicht
nur die Zellen fangen schon im Kleinkindesalter an zu
sterben, auch das Psychische verwickelt sich längst von
Anfang an in libidinöse und aggressive Tendenzen.

Doch das Urteil, dass jeder irgendwann einmal zu sterben hat, ist nicht so beeindruckend wie ein Urteil mitten
im Leben aus dem Konvolut der Signifikanten heraus.
Ich drücke mich jetzt ganz kafkaesk aus, wie es offensichtlich in den Erzählungen Kafkas und vor allem auch
in der Kurzgeschichte des ‚Urteils' die entscheidende

Rolle spielt. In diesem nur wenige Seiten umfassenden Text schreibt ein Mann mittleren Alters nach einigen Reflexionen darüber, ob es passend ist oder nicht, einem Freund, mit dem er eine sehr ambivalente Beziehung hat, mitzuteilen, dass er heiraten werde. Ambivalent deswegen, weil er der Erfolgreichere ist und jetzt auch noch Glück in der Liebe hat, während dem Freund alles abgeht. Mit dem Brief in der Hand geht er ins Nebenzimmer zu seinem sehr alten und kranken Vater und berichtet ihm davon. Anfangs klingt es so, als könne der Vater kaum begreifen, worum es geht, hört aber gut zu. Doch plötzlich, nach einigem unwichtigen Hin und Her, gerät der Vater in Rage. Er wisse alles über den Freund, über die Heirat seines Sohnes und die ganze Problematik, und beschimpft ihn dann lauthals wegen dessen verschiedener angeblich intriganter Verfehlungen und sonstiger Bösartigkeiten. Er wird richtig tobsüchtig und gemein, und schreit am Schluss, dass er ihn zum ‚Tode durch Ertränken‘ verurteile.

Der Sohn rast völlig verstört über diesen gewaltsamen Ausbruch des Vaters aus dem Zimmer, hastet die Treppen hinunter, hinaus über die Straße, hinter der ein breiter Fluss fließt, und stürzt sich Hals über Kopf dort hinein und ertrinkt. Diese Geschichte Kafkas ist freilich ein etwas paradoxer, übertriebener, grotesker, seltsam dramatisierter Plot, aber man kann sich in etwa vorstellen, dass so etwas ausnahmsweise irgendwo und irgendwann mal vorkommt. Jeder, der Kafkas Biographie kennt, weiß um dessen Vaterproblem. Sein hundert Seiten langer ‚Brief an den Vater', der nie abgeschickt wurde, enthält durchaus Verständnis für manche Strenge und Härte des Vaters, ist aber im Grunde genommen eine ausführliche Abrechnung mit dessen Herrschsucht, Verständnislosigkeit und der zwar nicht so sehr körperlichen, aber psychischen Brutalität und Rücksichtslosigkeit ihm, dem Sohn, gegenüber. Mit der Länge von hundert Seiten ist er mehr als ein Brief, steckt in ihm mehr als eine Anklage, ja ist er fast ebenfalls eine Verurteilung und eine perfekte Parallele zum Vater der ‚Urteils'-Geschichte.

Am interessantesten in der Erzählung des ‚Urteils' ist jedoch die Reaktion des Sohnes. Dieser verständnisvolle und gereifte Mann ist plötzlich nur noch eine Marionette der väterlichen Aggressivität, dessen Wahns und mordsüchtigen Wunsches. Es sieht so aus, als seien beide, Vater und Sohn, in einer gewaltsamen Absurdität vereint, und doch – man kann es irgendwie nachvollziehen, dass es allein die Sprache in ihrer signifikanten Wildheit ist, in ihrer lärmenden Monstrosität, die sich selbst immer schneller ins Chaos treibt und zum Tod hin hastet, sehnlichst ergriffen sich endlich in ein Ende stürzen zu können, was man immer schon irgendwie gewollt hat, so dass der alte todkranke Wüterich es leicht hat, wie Tantalus, der griechische Gott der Unterwelt, seinen Sohn (Pelops) umzubringen.

Wie kommt so ein Urteil in der somatoformen Schmerzstörung zustande? Ich bin kein gläubiger Mensch, ein
solcher hätte bei diesem ‚Laut‘, bei diesem lebensver-
ändernden Geschehen im Gehirn oder im Unbewussten
mit dem Eindruck von etwas Übernatürlichem, also an
ein Gottes-Urteil gedacht. Man soll etwas im Sinne der
religiös verfassten Moral falsch gemacht haben und zur
Strafe lebenslang Reue zeigen und Änderungen zum
rechten Glauben hin vollziehen. Aber das traf bei mir ja
nicht zu, obwohl ich das Gefühl des Eingreifens von etwas Systematischem hatte, eines bestimmenden Regel-
werks, das nur aus einem einzigen Schalter besteht, der
im Leben vielleicht nur ein paarmal umgelegt wird, und
dann – ganz am Schluss – noch ein letztes Mal. Es handelt sich um den Schalter, der den Zusammenhang der
Grundtriebe anzeigt.

Sind die Grundtriebe schlecht kombiniert, ist das Strahlen des *Es Strahlt* und das Verlauten des *Es Spricht* ungut, unreif, nicht gelungen und unpassend im Bezug zu-
einander verknüpft, passiert eben etwas: eine Störung
im Psycho-Physischen, ein ‚*Es* urteilt‘, ‚*Es*‘ blitzt und
donnert. Einseitige Naturwissenschaftler sprechen – wie
schon erwähnt – beim Beginn des Universums vom ‚Urknall‘ und von der frühen ‚Inflation des Kosmos‘, andere sprechen ganz simpel von ‚Geist Gottes‘ und wieder andere von weiteren hundert Gegensätzen, die diesen Schalter ausmachen sollen. Wieder bemüht sich das
autoritative Außen gegen das übersensible Innen,

anstatt das Subjekt, das dem Unbewussten Unterstellte jedes Einzelnen, zu Wort kommen zu lassen. Nur so – also ziemlich umfassend – kann das Urteil verstanden werden: Sei Subjekt, jedoch Subjekt als Wahrheitsfinder, als Erkundler der Erkundung, als Subjekt-Wissenschaftler, sei selbst der Schalter. Ich habe schon betont, dass das alles bei mir anfänglich dramatisch war, aber letztlich – ich erinnere an den Artikel von Wikipedia und an den aus dem Ärzteblatt – recht happig.

So formuliert dürfte ich jetzt gar nicht mehr weiterreden, denn für jeden Leser bin ich wieder nur das Außen, das vorgibt, objektiv zu sein, anstatt dass ich ihn doch letztlich selbst sein lasse. Lediglich das rein f o r m a l e s Instrument dürfte ich anbieten, denn sonst bliebe das Nichts ja das Nichts, die Leere leer und das Dunkel schwarz (oder schwarz gehört). Im Kapitel 3 habe ich bereits von der Veröffentlichung gesprochen, dass ich die somatoforme Schmerzstörung – im übertragenen Sinne – als eine Form des Vor-Todes angesehen habe. Allerdings nur eines sprachfähigen Todes. Denn darüber, dass das Nichts, die Leere, der Tod, das Unbewusste sprachfähig sind, besteht kein Zweifel, es ist sogar ein Beweis ihrer Existenz, wie Lacan immer wieder betonte.

Der Tod wird oft durch sein ‚andersherum' nivelliert und ins Sprechen verwickelt. Ihm gefällt der Lacansche ‚symbolische Automatismus', den er in einigermaßen verständliche Phrasen zu den *Pass-Worten* hin verwandelt. Indem er das Normal-Sprachliche, das für Lügen Anfällige, durcheinander bringt, drückt er umso mehr die Wahrheit aus. Gewiss ist die Phrase mit dem ‚schwarz gehört‘, die ich erwähnt habe, keine tiefsinnige oder hochgeistige Aussage, es ist eine Aussage für einen selbst und nur für diesen, der meist dazu auch gleich weitere Einfälle hat. Trotzdem, ein wesentlicher Zug der *Pass-Worte* ist ihr so überraschend, authentisch und überwältigend aus dem Unbewussten auftauchendes Timbre.

Die Phrasen sind oft gehaucht, leise, aber klar gehört. Da sie einen nicht mitten in anderen Tätigkeiten überfallen, sondern nur angestoßen werden durch eine eigenständige Übung, haben sie einfach eine ernsthaftere Wirkung. Es ist etwas Originäres in ihnen, dem man glauben kann. Man kann sie auch in Zweifel ziehen, bedenkt dabei aber doch den hintergründigen Sinn, der mit ein paar Kenntnissen aus der Psychoanalyse, aber auch mit einer Ehrlichkeit sich selbst gegenüber, das Wesentliche zum Beitrag der Selbstreifung darstellt. *Pass-Worte* sind insofern auch Identitäts-Worte. Sie enthalten auch ein wenig vom Charakter eines Urteils, allerdings in eine bestätigende, positive Richtung.

Freilich werden die Immunologen, die die somatoforme Schmerzstörung vom Innersten einer genetischen und molekularen Identität her erforschen, eine so weitgehende Psychologie als zu spekulativ ablehnen. Und wenn sie anhand der Virusstrukturen, die ja wohl eine

Mitwirkung an all diesen Post-Virus-Erkrankungen (auch ME/CFS) haben, geeignete Medikamente entwickeln, wird dies eine deutliche Minderung der Beschwerden bringen. Aber eine Heilung wird nur im Zusammenwirken von beiden Seiten – der psychischen wie der somatischen – erreicht werden, wobei ich ersterer den Vorzug gebe. Denn nur von daher kann man ein umfassendes Konzept von Leben und Tod, Wahrheit und Sein, und was es noch alles geben kann, entwickeln.

Ich muss erneut innehalten und betonen, dass alle meine Bemerkungen dem somatisiert Kranken als zu abgehoben, als lediglich kunstvoll, aber nicht real genug vorkommen müssen. Doch wie Lacan mehrmals insinuierte, ist das Reale das Unmögliche, die Selbstblockade, das, was immer wieder am gleichen Platz Schluss macht. *Es* ist real, wovon ich schreibe, *Es* fixiert sich. Man kann sich dem Realen vom Symbolischen, vom *Es Spricht* her nähern, um *Es* durch beinharte Logik aufzuschneiden. Man kann *Es* aber auch vom Imaginären, vom *Es Strahlt* her durch Topologie, durch projektiv Geometrisches einzirkeln, oder durch provokant Bildhaftes plastinieren (ich denke an die Körperwelten-Plastinationen Gunther von Hagens, die wie zerfledderte Leichenteile aussahen).

Die Ärzte, die mich als Kind operierten, wollten mich nicht umbringen, aber mir könnte es so erschienen sein. Sie waren virtuelle, potenzielle Mörder, doch gerade deswegen ist mir die somatoforme Schmerzstörung ans

Herz gewachsen, denn sie spricht dauernd vom Tod, der nicht eintritt, und von dem ich durch die Art dieser Störung weiß, dass er von daher auch gar nicht eintreten kann. Sie ist zwar Urteil und Vollstreckung zugleich, was eben den Charakter des Körperlichen, Somatischen erzeugt, aber sich in Wirklichkeit nicht physisch, materiell, körperlich und somatisch darstellt, sondern somatoform, ‚objekthaft‘, phantomschmerzartig, ‚abjektisch‘, als ‚ultrasubjektive Ausstrahlung‘. Oder handelt es sich vielleicht um die ungeschlossenen Strings, Fadenringe, Spinnengewebe und Vibrationen der Stringtheoretiker? Nein, das wäre wirklich zu spekulativ.

Der Quantenphysiker C. Ferrie bestätigt in seinem Buch, dass die Versuche Seele und Physik über die Quanten irgendwie zusammenzubringen eine irre Sehnsucht der modernen Menschheit ist, die zu hunderten von Behauptungen, Therapieempfehlungen, Wundergeschehnissen und anderen Quantenmethoden geführt hat.[54] Er bestreitet nicht, dass die Verschränkung vom Mikro- zum Makro-Substanziellem theoretisch existiert, aber einfach nicht relevant, nicht umsetzbar ist, und sollte es jemand einmal zufällig gelingen, ist es im nächsten Moment wieder vorbei. Die Beziehungen der freilich existierenden Quantenmechanik, Quantenwelt, zu sich selbst und zur Laser-, Computer- und Kernspin-

---

[54] Ferrie, C., Quanten-Bullshit, Wie man sein Leben mir Quantenphysik ruiniert, F. Kosmos Verlag (2024)

technik sind so komplex, dass alles nicht auf wirkliche Erkenntnisse hinausläuft, sondern nur auf Technik.

„Es gibt keine objektive Welt, die unabhängig wäre, wie wir mit ihr interagieren. . . . Das Ganze ist im Prinzip durchaus möglich, wird sich aber niemals ereignen," schreibt Ferrie. Deswegen sind auch meine Wellen und Vibrationen nicht an realistische Vorgänge geknüpft, wohl aber an die sehr realen Erfahrungen im psychosomatischen und projektiven Bereich tiefster Emotionalität, in der Ur-Verdrängung oder des monumentalen *Es*. Ich habe *Es* auch das System genannt, auch das darf man sagen, aber *Es* hört sich in diesem Zusammenhang etwas nach Orwellschem großen Bruder an, das muss *Es* nicht sein. Das System, das in und über allem beharrt, existiert nicht, sondern sistiert ex, mehr nicht.

Lacan sagte einmal: „*L'Autre* est le lieu du manque à être" (der *Andere* ist der Ort, an dem das Sein fehlt).[55] Der Seinsmangel ist dem Menschen tausendmal mehr bewusst als dem Tier, und treibt ihn so ebenfalls zu tausend Aktionen. Auch in der somatoformen Schmerzstörung hat man die Empfindung, dass ein Stück des körperlichen Daseins fehlt, es mangelt etwas, und exakt das provoziert das Sprechen, fordert das Wort des *Anderen* heraus, der doch mein „témoin de la vérité" ist, mein Zeuge der Wahrheit.[56] In diesem Wahrheitsbezeugnis

---

[55] Lacan, J., Écrits, Le Seuil (1966) S. 627
[56] Lacan, J., Écrits, Le Seuil (1966) S. 807

wird klar, dass das Symptom der Somatisierung eine signifikante Struktur hat,[57] es ist ein „événement", eine Begebenheit des Körpers, die das Psychische einschließt.[58] Vielleicht kommt man auf diese Weise dem Problem näher, wie der Zusammenhang von Psyche und Körper bei der somatoformen Schmerzstörung zu verstehen ist.

Dazu passt nochmals ein Kommentar zu der oben erwähnten „Liebe zu sich selbst, die glücklich macht". Lacan sagt, dass die Liebe nur eine Spiegelfunktion ist, nur eine erlebte Zwei: Man spiegelt sich im anderen, und der andere sich wiederum im einen. Doch jeder weiß, dass an den Rändern des Spiegels die Wahrnehmung diffus, ungenau und schillernd wird, und das trifft natürlich auch auf die Liebe zu sich zu, selbst wenn sie vom groß zu schreibenden *Anderen* gestützt wird, wie ich es mit dem Wort von der ‚Liebe zu sich als *Anderem*' ausgedrückt habe. Trotzdem: Für den somatisiert Schmerzgestörten ist genau diese Liebe zuerst einmal sehr hilfreich, sie durchbricht den kranken Mechanismus, vorerst einmal.

Doch der kommt eben wieder, denn es handelt sich ja nur um eine Übung in der *Analytischen Psychokatharsis*, die eine Zeit lang wirkt, und deswegen braucht es gegenüber diesem *Es Strahlt* der Spiegelung etwas

---

[57] Lacan, J. Écrits, Le Seuil (1966) S. 415
[58] Lacan, J., Seminar XXIII, 1975-76, Lacan-Archiv

Zweites, nämlich das *Es Spricht* der *Pass-Worte*. Die weitgehende Hilfe, Besserung, Heilung der somatoformen Schmerzstörung (aber auch ähnlicher Erkrankungen) kann nicht mit ein paar Übungen erreicht sein. Immerhin ist es von Vorteil, wie es mir doch auch selbst passiert ist, wenn man mit der Katharsis eine sofortige Verbesserung der Schmerzen verspürt und das durch eine Übungsmethode stets wiederholen kann.

Ich habe versprochen, nochmals ein Beispiel für ein *Pass-Wort* zu bringen. So habe ich selbst einmal die folgende ultrareduzierte Phrase aufgefangen: „Sollst der *Adam* sein". Adam sein? Na ja, schon etwas befremdlich. Jedem Außenstehenden wird dies nicht viel sagen, aber mir war sofort klar, was gemeint war. Als Arzt und Psychoanalytiker habe ich keine große Karriere gemacht. Weder in den Natur- noch in den Geisteswissenschaften (wenn ich die Psychoanalyse jetzt einmal dazurechnen darf) konnte ich irgendwie besonders reüssieren.

Aber anscheinend war doch der Ehrgeiz bei mir da, jemand zu werden, der in der Wissenschaftsdiskussion der Zeit mitreden oder nicht nur als Hinterbänkler wirken sollte und wollte. Da war mir die Sache mit dem *Adam* gerade recht hinsichtlich dieser noch fehlenden Identität. Es hieß, wieder der erste Mensch zu sein, indem man von der biblischen Mythologie als dem Geisteswissenschaftlichen genauso wie von der Paläoanthropologie als dem Naturwissenschaftlichen ausgehend, im Sinne eines Neuanfangs, eines ‚back to the roots‘, eine neue, praktische Anthropologie zu begründen hätte. So in etwa.

Die Philosophin N. Knapp beschreibt sehr witzig, wie die Großmutter ihr als Kind etwas von den ersten Menschen vorlesen wollte.[59] Da sie schon selbst einiges von den Neandertalern und den Frühmenschen gelesen hatte, freute sie sich auf weitere Geschichten aus der Paläoanthropologie. Doch zu ihrem Entsetzen fing die Großmutter mit der schon hundert Mal gehörten Erzählung von Adam und Eva an. Erst später wurde ihr klar, dass beide Zugänge zum Beginn der Menschheit gleichermaßen wertvoll sind und man sich eben einen übergeordneten Zugang selbst ergründen müsste, will man wirklich etwas über den ersten Menschen wissen. Dazu muss man das eigene Unbewusste mit einbeziehen, das einem diese ‚Transsubstantiation‘ ermöglicht.

Auch ich selbst hatte mich mit der Paläoanthropologie beschäftigt und erfahren, dass der Neandertaler die Sprache in ausreichendem Maße besaß, und damit auch ein Unbewusstes hatte. Er soll auch „am Rauschen des Windes in den Nadeln" herauszuhören vermocht haben, ob es sich um eine Tanne oder Kiefer handelte. Er hatte also tatsächlich etwas vom *Es Spricht* des absoluten Gehörs in sich. Er nahm sozusagen noch mit der Musik des

---

[59] Knapp, N., Der Quantensprung des Denkens, Rowohlt (2011)

Waldes, mit dem Widerhall des „Klang-*Objekts*" als solchem wahr (Abb. unten).[60]

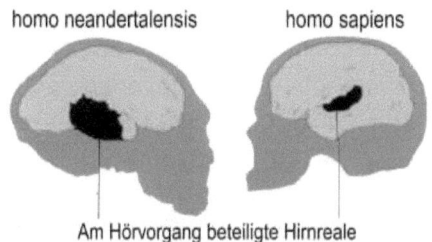

homo neandertalensis   homo sapiens

Am Hörvorgang beteiligte Hirnreale

Und genauso soll es mit seinen visuellen Fähigkeiten gewesen sein. Der Paläoanthropologe A. Czarnitzki schreibt, dass der Neandertaler „für die Wahrnehmung optischer Eindrücke wie zum Beispiel optische Dingerkennung, Ortssinn, Ortsgedächtnis, Farb- und Helligkeitserkennen usw., aber z. B. auch für optische Gedanken ausgezeichnet ausgebildet war." Klassischer Fall der Nutzung der Lacanschen Topologie, denn es war nicht das schon halb digitalisierte Großhirn des modernen Menschen, sondern das mittels topologischer Strukturen arbeitende Gehirn des Frühmenschen, das diese Leistungen vollbrachte.

Was mein *Pass-Wort* angeht, wäre es für mich als Deutung also nicht so passend gewesen, im Rahmen dieser Gedanken und Forschungen die Intention zu haben,

---

[60] Czarnetzki, A., Mündliche Mitteilung und Überlassung der dazugehörigen Abbildung,11.05.09, durch eine Pharmafirma, die damit für eine bessere cerebrale Durchblutung warb.

wieder wie ein Frühmensch zu sein. Auch hatte ich keine Lust, aus der Religion des Alten Testaments eine Identität für heute zu gewinnen und einen Neuanfang zu versuchen. „Sollst der Adam sein" interpretierte ich also dahingehend, dass ich – sehr wohl angeregt durch biblische und paläoanthropologische Literatur – wieder ganz von vorne anfangen sollte mit der menschlichen Identität in einer Weise, die über den mythischen Adam genauso wie über den paläoanthropologischen ersten Menschen hinausgehen sollte. Da passte der Weg, das neue anthropologische Verfahren der *Analytischen Psychokatharsis* zu entwickeln, eindeutig besser.

Auch wenn man sich das Leben mit eigenen Stolpersteinen zusätzlich schwer macht, wie es manchen somatoform Schmerzgestörten passiert, so sehe ich doch, dass sie auch Opfer der modernen Zeit sind und mit dem ersten Menschen nichts anfangen können. Das ist keine Ursachen-Beschreibung, sondern ein Bericht über die Koinzidenz, die krankheitsfördernde Übereinstimmung mit den Problemen der globalisierten Welt. Bringt das etwas? Nein, natürlich nicht, die Zusammenhänge sind viel zu komplex. Aber es ist ein Auftrag, gerade heute für diese schwer kranken Menschen, eine Rettung zu versuchen, indem man sich gegen die Übertechnisierung der heutigen Zeit engagiert. Denn freilich belasten Umweltschäden, Chemie in der Nahrung, Luftverschmutzung, etc., den Kranken. Die somatoforme Schmerzstörung ist deswegen so schwer, weil sie einen lebenslang leiden lassen kann, ohne dass ihre Ursache klar definiert werden würde. Jeder muss selbst anfangen, den für ihn richtigen Weg zu finden. Die von mir entwickelte *Analytische Psychokatharsis* ist nur ein Anfang, eine Vorübung dazu.

Denn was es braucht, ist ein gewisser Enthusiasmus, es braucht etwas mehr als Resilienz, wie sie der Professor für Medizinethik G. Maio beschrieb.[61] Deswegen ermuntere ich dazu – selbst wenn man wegen der Belastungsintoleranz viel liegen muss – mit Menschen zu reden (auch übers Telefon) oder zu lesen: ein bisschen Wissenschaft zum Beispiel oder Biographien, die sich speziell dafür eigenen, das eigene selbst schwer kranke Leben, mit dem in andererr Form gestörter, belastender, aber vielleicht auch anregender Weise zu vergleichen. Und natürlich reden mit sich selbst in der profunden Weise, wie sie durch die Einbeziehung des Unbewussten, des *Es Strahlt/Spricht* Komplexes, möglich ist.

---

[61] Maio, G., Was heißt es gesund zu sein, die ZEIT Nr. 29 (2024)

8. Anleitung zur Praxis der Analytischen Psychokatharsis

Erste Übung. Das Verfahren der *Analytischen Psychokatharsis* ist, wie betont, von seiner praktischen Seite her sehr einfach. Man sitzt in bequemer Haltung (anfänglich mit geschlossenen Augen) und wiederholt in der ersten Übung rein gedanklich, langsam und relativ monoton hintereinander vier bis fünf *Formel-Worte*, während man gleichzeitig darauf achtet, ob im Inneren vor einem etwas auftaucht, das den Charakter von etwas Luzidem, Hellen, also etwa eines ‚Strahltpunktes' hat.[62] Es kann sich auch nur um eine Körperbildwahrnehmung, ein Schimmern, oder dunklen Fleck handeln, denn es kommt ja nur darauf an, dass man irgendeine Orientierung im Raum hat, während man gleichzeitig die *Formel-Worte* denkt. Lacan spricht diesbezüglich auch von einer ursprünglichsten ‚Lumineszenz'. Dabei bezieht er sich ganz klar auf etwas Gegebenes, etwas, was dem sogenannten Primärprozess des Triebs, dem ‚ultrasubjektiven Ausstrahlen' des *Es Strahlt* zugehörig ist.

Dieser ‚Strahltpunkt' ist also nicht etwas, das man selbst imaginieren, erzeugen oder gar erzwingen muss. *Es* ist

---

[62] Weitere *Formel-Worte* sind in anderen Veröffentlichungen oder auch auf der hinten angegebenen Webseite zu finden. Vorerst genügen die hier im Text und Anhang erwähnten. Mehr als vier bis fünf sollte man in nicht verwenden.

in jedem Menschen als Primärform eines im Hintergrund wirkenden Kräftegeschehens vorhanden und muss so nur geweckt oder erwartet werden. Es hat keinen Sinn, sich auf die Stirne zu konzentrieren, es muss der freie Raum bleiben, der vor einem ist, und der in knapper, luzider Form, die ich auch ein *Es Strahlt* genannt habe, vor einem wie ein Punkt oder ein Fleck auftaucht (,Strahltpunkt'). Dieses Phänomen wird begünstigt durch das rein mentale Wiederholen der *Formel-Worte*, und so schaukeln sich beide gegenseitig zu einer ausgeprägten Entspannung, einer Katharsis, einer befreienden Erfahrung auf, die zur Erfahrung der *Pass-Worte* führt.

Es kann auch als das ,Durchrieseln' zu spüren sein oder die Empfindung auftauchen, wie das eigene Körperbild sich verschiebt, sich weitet und einen kathartisch durchströmt.[63] Egal was auch immer ,gesehen' oder erfahren und gespürt wird, es wird den Charakter von einem auch nur ganz geringen *Es Strahlt* haben, das befreiend und beglückend wirkt, und das für die erste Übung genügt,

---

[63] Ich erwähne nochmals, dass die Erfahrung des ,Durchrieselns' etwas mit atavistischen Gefühlsreaktionen zu tun hat, also z. B. mit einem den Rücken herunterrieselnden Schauer bei einer ergreifenden Musik oder den tiefgehenden Emotionen der Frühmenschen, die noch viel mit ihrer unbedeckten Haut gefühlt, ertastet und umweltbezogen kommuniziert haben. In der *Analytischen Psychokatharsis* wird diese Erfahrung jedoch als Bestätigung einer Erkenntnis genutzt, z. B. bei den *Pass-Worten*.

die man für eine Zeit von zwanzig bis dreißig Minuten oder auch mehr ansetzen kann. Am besten orientiert man sich an dem Maß der Besserung.

Man muss nicht einen Kurs besuchen, um diese Erfahrung zu machen, die ja authentisch als Aspekt des Wahrnehmungs- oder Schautriebs in jedem Menschen vorhanden ist, und die ich auch nach Lacan als ein „sich schauend machen" bezeichnet habe. Während also anfänglich durch die Achtung auf das *Es Strahlt*-Phänomen (Luzidität, ‚Strahltpunkt') bereits eine Entspannung eingetreten ist, wird diese durch die gleichzeitig gedanklich wiederholten *Formel-Worte* vertieft. Es ist verständlich, dass durch das monotone, rein geistige Wiederholen dieser Formulierungen, die nichts sagen, auch wenn sie sprechen, das *Es Strahlt*-Phänomen weiter begünstigt wird, was wiederum die Wiederholungsarbeit fördert. Beides, innerliches Wahrnehmen und rein mentales Wiederholen der *Formel-Worte,* schaukeln sich also so zur intensiven Katharsis auf.

Hier erweist sich die Praxis als Beleg für die im Text gemachte theoretische Feststellung, dass Sprachliches, das nichts direkt sagt, eine viel stärkere meditative Wirkung hat, als das gedankliche Wiederholen von Begriffen, Gebeten oder eindeutigen Aussagen, an denen man bewusst hängen bleibt und nicht die Tiefe oder Höhe des Unbewussten erreicht. Luther soll vor seinem Tod unruhig und nervös mit Gebeten gerungen haben. Mit einem *Formel-Wort* – hätte er gewusst, was das ist und wie es funktioniert – wäre dies nicht notwendig gewesen. Denn wer spricht denn diese irrationalen, jenseitigen, zerhackten Formulierungen? Man selbst oder bereits der Tod, noch das Ich oder der *Andere*? Ein E N S C I S N O M oder I S N O M E N S, egal von wo aus man es liest, sagt nichts von dem, was es weiß, aber es hat trotzdem Sprachgewebe, nicht Syntax, sondern noch davor liegendes Signifikantes, Algorithmisches, Führendes ins Zentrum des *Es Spricht*.

Mit dem Schwung der Katharsis kommt (wie gesagt manchmal schon unmittelbar) der wichtige Effekt zustande, dass der B(r)uchstabenmix der *Formel-Worte* durch die ‚défilés du signifiant‘ (die Engführungen des Signifikanten) hindurchgetrieben wird und die *Pass-Worte* erzeugt.[64] Wenn es nicht unmittelbar dazu kommt, kann es in der (gleich weiter unten geschilderten) zweiten Übung provoziert werden. Die *Formel-Worte* sind also rein f o r m a l e Ausdrücke, die es in der üblichen Sprache so nicht gibt. So ist auch

das hier nebenan abgebildete RA-DIC-IT kein normales

---

[64] Oudee Dünkelsbühler, U., Zeugnis und Schrift: B(r)uchstaben an der Couch, Les Etats Généraux de la Psychanalyse (2001), worin der Autor die elementarsten Schnitt- und Bruchstellen im psychoanalytischen Prozess meint, wie sie sich im Traum, bei Versprechern aber auch bei den *Formel-Worten* als bedeutend zeigen.

Wort aus dem Lateinischen, aber es beinhaltet mehrere sich überschneidende Bedeutungen in einer Formulierung, es ist „linguistisch kristallin" aufgebaut (ein Ausdruck, den Lacan für die Struktur des Unbewussten verwendete).

Dieses *Formel-Wort* entspricht allerdings nicht ganz genau dem wissenschaftlichen Aufbau, ich habe es jedoch gewählt, weil es das radiat und das dicit (*Es Strahlt* und *Es Spricht*) enthält. Es ist sonst nicht wichtig, dass Ausdrücke vorliegen, die etwas mit der Methode zu tun haben oder sonst einen gängigen Klang ausweisen. Wichtig ist ja nur, dass irgendwelche Bedeutungen vorhanden sind, die grammatisch und syntaktisch in Ordnung sind, und die diese Struktur von mehreren solcher sich überschneidender exakter Bedeutungen in einem einzigen Schriftzug enthalten. Dies ergibt sich, wenn sie im Kreis geschrieben und von verschiedenen Buchstaben aus gelesen werden. Aber die Bedeutungen, die das *Formel-Wort* enthält, ergeben zusammen beim besten Willen keinen Sinn, und das ist, wie schon zuvor erwähnt, gerade das Ausschlaggebende für den meditativen Effekt.

Denn so wird die Aufmerksamkeit des Übenden nicht von etwas bewusst Festgelegtem und Vorgefasstem besetzt, sondern lässt das Unbewusste zu Wort kommen, das mit seinen Buchstaben schon nach außen drängt. Diese Entäußerung will ja auch der Psychoanalytiker bei seinem Patienten fördern, indem er ihn zu spontanen

Einfällen, zu ‚freien Assoziationen' auffordert. Doch es gibt da das Problem des Widerstandes. Unbewusst will der Patient häufig nicht, dass das Unbewusste so direkt zu Wort kommt und die inneren Wahrheiten enthüllt. Man muss den Patienten daher oft – selbst im Schweigen – mühsam bei Laune halten, damit ihm doch manchmal etwas herausrutscht, was hilft, seine Symptome aufzuklären.

Und etwas Ähnliches existiert auch in der *Analytischen Psychokatharsis*. Hier betrifft es die *Formel-Worte*, die nun ja tatsächlich oft etwas seltsam und sperrig klingen, und so auf innere, aber manchmal auch offen gesagte Widerstände treffen. So kam es bei den Vorträgen, die ich zur *Analytischen Psychokatharsis* hielt, einige Male dazu, dass Bedenken, Missverständnisse, Falschanwendungen und andere Bemerkungen vorgebracht wurden. Jemand sagte, dass er bei dem *Formel-Wort* ORS-ACE-RAM stets den Ausdruck ‚Marmorsauce' heraushöre, ein anderer erklärte, dass er sich keine drei solcher Worte merken könne, und viele stießen sich eben an den manchmal skurrilen Formulierungen. Nun kann man sicherlich noch geschmeidigere Formulierungen finden, doch wie schon angedeutet: wenn sie zu geschmeidig werden, bleibt man an der einen oder anderen Bedeutung hängen und lässt sich beim Meditieren nicht in die letztlich eben nicht-sinnige Gesamtbedeutung fallen.

So kann man bei dem oben genannten RA-DIC-IT z. B. auch „adi cit r" (geh heran, es bewegt R), „C i tradi" (hundert I übergeben), „citra di" (diesseits der Götter), „dicit ra" (es sagt ra), „r adic it" (füge r hinzu, es geht), „radi cit" (gekratzt werden, es bewegt sich), „trad ici" (erzähle, ich habe getroffen) etc. herauslesen, wobei – nochmals betont – vieles recht unsinnig klingt. Dies hat jedoch für den formalen Ausdruck keinerlei Bedeutung. Ausschlaggebend ist hier nur, die wissenschaftliche Begründung (mehrere grammatisch einwandfreie Bedeutungen in einer Formulierung durch die Verwendung mehrerer Schnittstellen) klar darlegen zu können, und dies ist für das Verfahren essenziell, weil man nur so volles Vertrauen in die Methode haben kann. Vertrauen in einen Therapeuten allein genügt nicht, es muss durch klares Wissen gestützt sein.

Nochmals also die erste Übung: Es ist in bequemer Sitzhaltung und anfänglich bei geschlossenen oder halb geöffneten Augen ohne eigene Anstrengungen auf das *Es Strahlt* („Scheint', „Durchrieselt', luzidem „Strahltpunkt') zu achten, während gleichzeitig langsam, monoton und rein gedanklich ein oder mehrere *Formel-Worte* hintereinander in Abständen und immer wieder neu rein mental wiederholt werden. Diese erste Übung beruht auf tatsächlichen Vorgaben der Psychoanalyse, weil durch das mentale Reverberieren eine Regression (ein innerlicher Rückzug zu früheren psychischen Strukturen) erzeugt wird, die sich gleichzeitig nur auf einen eingeengten Aspekt des *Es Strahlt*, bzw. des Schautriebs konzentriert (das Luzide, Lacans „Strahltpunkt') und durch die *Formel-Worte* stabil gehalten wird.

Die *Formel-Wort-*Wiederholung setzt sich nämlich an die Stelle dessen, was man in der Psychoanalyse den Wiederholungszwang, das unbewusste Wiederholen nennt. Dieses negative, unbewusste, zwanghafte Wiederholen wird zumindest so lange aufgehoben, wie die Übungen der *Analytischen Psychokatharsis* wirken. Ich habe schon im Haupttext angedeutet, dass dadurch eine wesentliche Hürde der klassischen Psychoanalyse vereinfacht und vermindert wird, da der Wiederholungszwang ein tief verankerter seelischer Abwehrmechanismus ist, der dem Freud'schen Todestrieb zugehört, und der üblicherweise nicht analysiert werden kann. Durch den Wiederholungsvorgang beim Üben der *Formel-Worte* wird dieses Geschehen jedoch in einen konstruktiven, progressiven Vorgang umgewandelt. Gefühle eines sich stark weitenden Raumes, das Auftauchen von Erinnerungsbildern führen manchmal zu Ablenkungen, die einer weiteren Betrachtung nicht wert sind, sondern von denen nur deren Luzidität und Katharsis genossen werden kann, die sich in der Horizontalen ausbreitet.

Der Philosoph P. Sloterdijk sprach diesbezüglich von ‚Sphären',[65] die wieder an Lacans Topologien und ebenso dessen Sphäre erinnern, ein Begriff, mit dem er

---

[65] Sloterdijk, P., Sphären I – III, Suhrkamp (1998 bis 2004)

das *Es Strahlt* beschrieb.[66] Doch Sloterdijks Sphären kennen die Senkrechte nicht. Wenn es zu einer Katharsis kommt, zu einer Befreiungserfahrung und stärkeren Loslösung vom Körper, gerät man – wie gesagt – oft von selbst in die zweite Übung, in der man einen ‚Ton‘, Klang, eine Silbe oder einen Kurzsatz von rechts oben im Kopf und oft wie von ferne her hörend wahrnimmt, was ich sogleich extra besprechen will. Kommt es nur zu einer simplen Entspannung, muss man – zum Beispiel nach zwanzig, dreißig Minuten – einfach so in die zweite, in die der Beschreibung gleich folgende Übung von sich aus wechseln und sich auf den inneren Ton konzentrieren. Insgesamt sind jetzt drei *Formel-Worte* im Textverlauf dargestellt worden, die für einen Selbstversuch erst einmal genügen würden (mehr Seite 190).

Wird hier nicht auch das ‚analytische Selbstgespräch‘ deutlich? Der Übende ist selbst der eine Gesprächspartner, denn rein mental spricht er ja. Er spricht in den *Formel-Worten* Formulierungen aus, die unverständlich sind, aber bei dem anderen Gesprächspartner, dem unbewussten *Anderen*, dem von einem selbst Jenseitigen, dem ‚Hüter der Signifikanten‘ wie ihn Lacan auch nennt, kommt etwas eindeutig Sprachliches an, dem er entsprechen und auf das er erwidern wird. Es wird nicht nur eine Erwiderung aus dem Verdrängen heraus sein wie in der herkömmlichen Psychoanalyse, sondern eine,

---

[66] Lacan, J., Seminar IX, Lektion von 23. 5. 1962

die man sich nach vollkommener Herumdrehung, 180-gradiger Umdrehung, letztlich selbst gibt. Sich selbst als *Anderer*.

Nach dem RA-DIC-IT kann nun (weiterhin in der ersten Übung) auch ORS-ACE-RAM hinzugenommen werden, um dem Verfahren für einen ersten Versuch drei *Formel-Worte* zur Verfügung zu stellen (das erste ist samt seiner in ihm enthaltenen Bedeutungen auf Seite 110 dargestellt und beschrieben). In dem nebenan stehenden *Formel-Wort* stecken folgende Bedeutungen: C eram orsa (hundertfach war ich Beginnen), amo R sacer (ich liebe das heilige R), cera morsa (das zerstückelte Wachs), mors acer (der Tod ist bitter), amor sacer (die Liebe ist heilig) usw.

Wie betont, kann man diese einzelnen Bedeutungen gleich wieder vergessen. Wichtig ist nur zu verstehen, wie die *Formel-Worte* aufgebaut sind, sodass man wissenschaftlich-intellektuell das Verfahren jederzeit hinterfragen kann. Kommen irgendwelche Gefühle oder Ideen hoch, die unpassend sind oder Angst machen, kann man über den Aufbau des Verfahrens nachdenken oder sich weiter darüber belesen. Jeder Schritt ist nachvollziehbar und begründet dargestellt, sodass man genau weiß, was man bei der Ausübung der *Analytischen Psychokatharsis* tut, und warum man es tut. Blinder Glaube oder Vertrauen in eine Person, die sich nur durch ihre angebliche Lauterkeit ausweisen kann, ist nicht gefragt.[67]

Ich erinnere an die Erfahrungen mit der Hypnose, in der es ja ebenso wie in der ersten Übung zu kathartischen Empfindungen kommt, die jedoch durch die Worte des Therapeuten gelenkt werden und so auf einem gesicherten Niveau bleiben. Doch es handelt sich um ein auf die Vorstellungen des Therapeuten beschränktes Niveau. Ähnlich versuchen die meisten mythisch geformten Meditationsverfahren, durch Anweisungen oder wie im Surat Shabd Yoga durch Sanskritworte, die einen an die andere Kultur und Tradition binden, einen innerhalb eines vorgegebenen Reglements zu halten. Doch in der *Analytischen Psychokatharsis* wird ein Ergebnis nicht schon vorher durch diese Manipulationen geleitet, denn der Nicht-Sinn der *Formel-Worte* verhindert jede Lenkung, nur das eigene Unbewusste und kein Therapeut soll selbst die Führung übernehmen.

Wie im Text geschrieben, sollte auf die zweite Übung übergegangen werden, wenn die Erfahrung des *Es Strahlt* und der Katharsis nach längerer Zeit nicht genügend ausgeprägt ist, es sei denn, es ist schon – wie erwähnt – von selbst ein Übergang erfolgt. Gerade dieser

---

[67] Damit sind in diesem Buch drei *Formel-Worte* vermittelt, die zum Üben genügen. Eine Verbesserung kann man mit zwei weiteren zusätzlichen *Formel-Worten* erreichen, die auf der Webseite analytic-psychocatharsis.com angegeben sind.

spontane Übergang zeigt, dass es außer dem grundlegenden Dualismus des *Es Strahlt*- und *Es Spricht* nichts gibt, das Geltung hat, d. h., man kann in den Übungen nicht verloren gehen, da die *Formel-Worte* – solange man ihnen folgt – keinen anderen Ausweg zulassen. Mit dem zündenden kathartischen *Es Strahlt* gelingt im Unbewussten stets konkret der Wechsel (durch die ‚défilés du signifiant' hindurch) von der mehr bildhaften auf die mehr wortbezogene Seite. Oft ist dies jedoch nicht so einfach, und so muss man die zweite Übung extra an die erste anhängen.

Während ich bei der ersten Übung von einem ‚darauf achten' spreche, nämlich auf das vor einem Befindliche (‚Strahltpunkt', kathartisches Ereignis), kann man bei der zweiten Übung besser von einer Konzentration reden. Und zwar geht es um eine Konzentration auf das innere Hören, auf den inneren ‚Ton', der als elementares Phänomen immer zu hören ist. Es handelt sich um das, was Lacan das ‚sich hörend machen' nennt, denn es handelt sich ums Begehren auf der Stufe des Akustischen, des Schalls und schließlich eben auch des Sprachklangs, des *Es Spricht*.

Dort, auf ein von oben/rechts im Kopf herkommendes Verlauten, auf einen ‚Ton' aus dem tiefen Inneren, auf nunmehr genau dieses *Es Spricht*, diese Körper-Echos, wie sie Lacan auch nennt, konzentriert man sich ohne Anstrengung oder Mühe. Allein schon der ‚Ton' errichtet einen Halt in der Vertikalen. Sloterdijk schrieb nur von der ‚Vertikalspannung‘, über die er sich fast etwas lustig machte, weil er nichts damit anzufangen wusste, weil sie ihm mythisch vorkam und er nur die Sozialhorizontale kennt.[68] Doch es gibt auch diese Vertikale der Signifikanten. Sie entspricht einer Lotung, Haltung, Festigung, in einer unverrückbaren Zeit, bei der es nicht um die Beziehung der Geschlechter auf der sozialen Ebene geht, sondern die mit der Geschlechterfolge zu tun hat, wie sie von den Ur-Eltern bis zu den Ur-Enkeln und weiter zu sehen ist, und die in der Senkrechten verläuft. Es betrifft aber auch die Senkrechte des Körpers, vom Scheitel bis zur Sohle, wie man landläufig sagt.

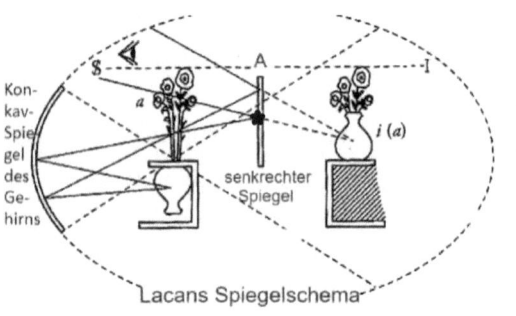

Lacans Spiegel-Schema mit ‚*Es Strahlt*- und Kommunikationspunkt‘ in der der Mitte

Die Horizontale steht mehr für die übliche, fortschreitende Zeit, die mal langsamer (in der Langeweile) und mal schneller (in der Kurzweil) verlaufen kann. Auch Lacan beschreibt diese Zeitmetren. Das in der Horizontalen verlaufende bezieht er – siehe Abbildung oben –

---

[124] Sloterdijk, P., Du musst dein Leben ändern, Suhrkamp (2009)

auf die reine Spiegelung, auf das *Es Strahlt*, wo es auf das i(a), das Bild (i) des Begehrens-Objekts (a) an-kommt. Dagegen kommt das Metrum in der Vertikalen, das der Signifikanten, das des *Es Spricht*, wie ich es mit dem A des *Anderen* bereits erwähnt habe, mit der Senk-rechten zum Zug. Genau im Schnittpunkt der Horizon-talen des spiegelnden *Es Strahlt* mit der Senkrechten des *Es Spricht* (A), taucht *Es* in seiner Real-Funktion auf (Spricht- und ‚Strahltpunkt‘), die das Ziel des Verfah-rens der *Analytischen Psycho-katharsis* ist. So kommen auch die *Pass-Worte* von innen-oben, wo sie nicht nur das Verdrängte enthüllen, sondern eben auch den Punkt artikulieren, in dem sich das Wesen, die Identität des Übenden öffnet hin zum „frei sich entfaltenden Sub-jekt" (Foucault).

Es geht in dieser zweiten Übung um die (B(r)uchsta-ben), die aus diesem ‚typographischen‘ Raum heraus-klingen und die das Unbewusste dort gespeichert hält. Und genau in diesen Raum sind die *Formel-Worte* ein-gedrungen und haben diese Buchstaben geweckt und evoziert. Auch hier wieder gilt das Gleiche: Es handelt sich um einen ganz originären Aspekt des Entäuße-rungs- bzw. Sprechtriebes, der in jedem Menschen als Primärprozess vorhanden ist und im Unbewussten außer dem ‚Ton‘ sogar die Form ganz knapper, kompakter „innerer Sätze", „ultrareduzierter Phrasen" annimmt (alles Begriffe Lacans für diese lautliche Erfahrung).

Auch hier können anfänglich nur ein feines Rauschen, ein ferner Laut oder Ähnliches wahrgenommen werden.

Der Übende wird jedoch von Anfang an bemerken, dass es sich hier um eine Konzentration auf ein mehr oben-rechts oder zentral im Kopf befindliches Hör-Sprech-system handelt, zu dem die ‚Echos des Körpers' Beziehung haben, auf die hier zurückgegriffen wird, wie Lacan es nennt.[69] Denn die Ohren können nicht ver-schlossen werden, sie müssen Tag und Nacht alle Laute und Geräusche aufnehmen und alles, was nicht verar-beitet wird, irgendwo ablegen. Manches ist – wie schon erwähnt – nur Müll, aber manches (auch aus dem Müll, der ja auch seelisch Abgespaltenes enthält) drängt doch zur Abfuhr nach draußen. Darin ist bei fortgeschrittener zweiter Übung der ‚Ton' genauso enthalten wie auch dies oder jenes *Pass-Wort*, das auf andere Weise befreit, als die Katharsis.

Ich bin im Text vielfach darauf eingegangen, zu wel-chen mehr analytischen und damit auch weniger kathar-tischen Effekten diese zweite Übung führt. Es bleibt nicht beim einfachen Hören und Erfahren von inneren Lautphänomenen, sondern reicht von Buchstabenfolgen bis eben hin zu kurzen Sätzen. Solche – von Lacan auch

---

[69] Auch wenn das eigentliche Hör-Sprechsystem im Kopf linksseiti-tig angelegt ist, ist eben rechtsseitig das mehr rudimentäre, mu-sikalische, das prosodische und der Regression besser zugängli-che Hör-Sprechsystem vorhanden.

als „ultrareduzierte Phrasen" beschriebene Kurssätze – nenne ich *Pass-Worte*, Identitätsworte, weil sie direkt aus dem Unbewussten kommend natürlich mit der Identität des Übenden zu tun haben. Identität in dem Sinne, dass nunmehr speziell Verdrängtes, psychisch Abgespaltenes zur Wirkung kommt, so wie es im Freud'schen Versprecher auch der Fall ist, aber auch Kreatives, das aus dem seelischen Werden stammt.

Während man aber beim Versprecher und auch beim Traum versuchen muss, das verdrängte Wort durch Deutung herauszufinden, ist es im *Pass-Wort* gleich mit enthalten. Eine gewisse deutende Einordnung ins bewusste psychische Leben ist oft trotzdem nötig. Beispiele von *Pass-Worten* habe ich im Text geschildert. Jeder muss hier selbst ausprobieren, was er als *Pass-Wort* anerkennen kann. Manchmal ist es nämlich so, dass man erst fast im Nachhinein, in der Endphase der *Pass-Wort*-Erfahrung, des Phrase-Hörens, den Kurzsatz auch in seiner Bedeutung wahrnimmt. Manchmal scheint es ein sehr, sehr leiser Gedanke zu sein, der aber dennoch klar oder ziemlich offenkundig ist. Ich muss mich hier so diffus ausdrücken, trotzdem besteht an dem Phänomen kein Zweifel, und zwar sowohl von der psychoanalytischen Theorie her, als auch von den zahlreichen Erfahrungen, die ich bisher sammeln konnte. Nicht selten und mit zunehmender Erfahrung ausreichend.

Dass das *Pass-Wort* meistens nur eine knappe Phrase, ein Kurzsatz ist, leuchtet ein, denn es taucht aus dem

Unbewussten als ein primärer und nach außen drängender Affekt auf. *Es* möchte sich etwas melden, was deutlich verdrängt oder gar seelisch abgespalten ist, und in einem derartigen Drängen besteht nicht viel Zeit und Platz. Der sich auch als Psychoanalytiker bezeichnende indische Guru B. S. Goel – jedenfalls hatte er etliche Stunden einer Psychoanalyse absolviert – sprach ebenfalls davon, dass er bei den Meditationen, zu denen er anleitete, aus dem Unbewussten Sprachliches auftauchte.[70] Als Beispiel nannte er jedoch lange, oder gar mehrere Sätze, was freilich nur bedeuten kann, dass sie hauptsächlich von seinem eigenen bewussten Denken geleitet waren. So etwas stellen natürlich keine *Pass-Worte* dar, das waren Goels Phantasien.

Gleichzeitig betone ich erneut, dass beim Deuten der *Pass-Worte* – falls diese nicht von vornherein eindeutig sind – in beiden Richtungen geprüft werden sollte: Hat es etwas mit dem Kausalen eines verdrängten Begehrens zu tun oder mit dem Finalen von etwas Kreativem und für die weitere Entwicklung Wichtigem? Oft gilt beides gleichermaßen, wie ich an den Beispielen im Text gezeigt habe. In der Psychoanalyse – und da hat Lacan in seiner Praxis auch nicht anders gehandelt – werden nur die kritischen, verdrängten und eher peinlichen Aspekte (Einfälle, Traumdeutungen, etc.) gewertet, die man im Verdacht hat, dass sie im unterdrückten

---

[70] Goel, B. S. Meditation und Psychoanalyse, Ariston (1989)

Zustand die Krankheits-Symptome erzeugen. In der *Analytischen Psychokatharsis* kann es zwar auch darum gehen, aber meist sind auch kreative Aspekte dabei.

So vernahm ich selbst einmal die Phrase „Sag deinen Mädchennamen", ein *Pass-Wort*, das typisch für das Unbewusste war, das sich oft in Anspielungen oder in abstrahierten Zuschreibungen äußert. So sollte es wohl heißen, dass ich mich mehr meiner weiblichen Seite zuwenden sollte oder irgendetwas im Kontext der Spannung der Geschlechter. Ursächliches und Kreatives in Einem. In solch einer kuriosen Form hätte es mir niemand anderer sagen können, und das wirkte besonders. Ganz unverständliche *Pass-Worte* sollte man jedoch gleich verwerfen. Dafür kann man sicher sein, das ganze Spektrum des Unbewussten zu erfassen und nicht nur die Freud'sche Seite kennenzulernen. Stets kann man bei jemandem, der Erfahrung mit der Methode hat, bei mir (g.vonhummel@web.de) oder einem entsprechenden Therapeuten nachfragen oder nachlesen, wie man mit den *Pass-Worten* am besten umgeht. Meistens kommt man selbst zügig damit zurecht, man muss sich mit den Bedeutungen nicht stressen, allein dass es sie gibt, ist schon viel wert.

Nochmals also: Nach der ersten Übung, dem gedanklichen Wiederholen mehrerer *Formel-Worte* bei gleichzeitigem Darauf-Achten, ob man ein *Es Strahlt*, eine Luzidität, ein ‚Durchrieseln‘, eine befreiende, kathartische Erfahrung, wahrnimmt, geht man – evtl. nach dreißig Minuten – zur zweiten Übung über. Hierbei konzentriert man sich auf den Laut, den Ton, auf das *Es Spricht* von oben oder rechts innen her. Bemerkt man, dass der *Es Strahlt*-Anteil beim Üben zu stark ausfällt, wechselt man zur *Es Spricht*-Übung und umgekehrt. Beide Übungen sind beliebig lange durchzuführen. Wie betont, genügen meist zweimal zwanzig bis dreißig Minuten. Der Wechsel von praktischer Erfahrung und theoretischem Denken ist wichtig, weil am Ende etwas Gemeinsames herauskommen wird: eine gedankliche Selbsterfahrung, eine praktische Logik, eine kathartische Analyse. Letztendlich finden beide Übungen zu einem inneren ‚Auftrag‘, einer Gewissheit, evtl. auch am Verfahren selbst weiter mitwirken zu können.

Nicht immer läuft alles glatt. Die erste Übung ist noch am einfachsten. Beim Wahrnehmen einer Luzidität trotz geschlossener Augen genügt schon allein die Achtsamkeit bei gleichzeitigem Wiederholen der *Formel-Worte*, dass sich über kurz oder lang eine ausreichende Katharsis einstellt, die auch die Beschwerden der somatoformen Schmerzstörung beseitigt. Schwierig mag eher die zweite Übung werden oder auch das spontane Auftreten der Erfahrung des inneren ‚Tons‘, des inneren Hörens, das aus einem unbewussten Gedanken, einem *Pass-Wort* bestehen kann, wobei ich nochmals betonen muss, dass bereits das mentale Wiederholen der *Formel-Worte* ein unbewusstes Gespräch ist. Denn wer spricht in diesen Momenten, wenn nicht die Formulierung selbst, die automatisch aus der mangelnden Syntax heraus zu einer eben ganzheitlichen syntaktischen Formulierung führt, zum *Pass-Wort*, das der Gesprächspartner von sich gibt.

Und so geht es um eine Wissenschaft v o m Subjekt, an der jeder teilnehmen kann. Schon Freud hatte sich dafür ausgesprochen, dass die Psychoanalyse auch von Laien erlernt und ausgeübt werden kann. Das Übergewicht von Akademikern, insbesondere von Ärzten hat diese Anregungen des eigenen Gründervaters Freud nicht ernst genommen. Universitäre, scholastische Strebungen beherrschen daher von Anfang an die Psychoanalyse, die ja auch für die *Analytische Psychokatharsis* wichtig ist. Aber hier behindert nicht ein System von Klüngel Vereinen und einer hierarchisch gestaffelten Organisation den persönlichen Fortschritt. So wie Lacan, der seine eigene Organisation am Ende seines Lebens aufgelöst hat, damit nichts zu stark Institutionelles Vorrang vor freier Mitarbeit gewinnt, habe ich bisher hinsichtlich der *Analytischen Psychokatharsis* keine Organisation und keinen Verein gegründet.

Ich hoffe, dass dies auch nicht nötig ist. Wer die *Analytische Psychokatharsis* ausgeübt und ihre Wirkung erfahren hat, weiß, womit er es zu tun hat und wie er es notfalls auch anderen vermitteln kann. Die Grundlagen sind in zahlreichen Büchern von mir, in psychoanalytischer Literatur und auch in soliden, wenn auch nicht wissenschaftlich korrekten, so doch seriösen Texten über die Anwendung von meditativen Verfahren beschrieben. Davon unbeachtet bleibt natürlich der Kern der *Analytischen Psychokatharsis* weisungsbestimmend.

Dieser Kern besteht vor allem – wie im Haupttext mehrmals betont – in der Verbindung des *Es Strahlt-* und *Es Spricht* in den zwei grundlegenden Übungen, wobei diese Verbindung nur gelingt, wenn man verstanden und erfahren hat, dass durch die Katharsis der ersten Übung die Kraft, die Höhe, die Intensität geschaffen wird, die in der zweiten Übung dazu führt, dass das Unbewusste die entsprechenden *Pass-Worte* freigibt. Etwas Derartiges existiert in der herkömmlichen Psychoanalyse und in allen Meditationsverfahren nicht. In der Psychoanalyse gelingt es deswegen nicht, weil die Psychoanalytiker eine Masse an gleichwertigen Ichidealen bilden, die die Patienten auch als ihr Ich-Ideal übernehmen, so dass man sich in gegenseitigen Übertragungen festsetzt, die ja eigentlich aufgelöst werden müssten.[71]

In den Meditationen findet ein ähnlicher Vorgang statt: Der Lehrer, Guru, wird zur totalen Idealspiegelungs-Figur genommen, so dass manche von der ekstatischen Vereinigung mit dem Guru sprechen. Dieser wird nach seinem Tod sofort durch einen Nachfolger ersetzt, so wie die Kirche es mit dem Papst handhabt. Die Übertragung, die mit der Unterstellung einhergeht, dass der Lehrer, Meister, Guru hypothetische Fähigkeiten

---

[71] Lacan, J., Seminar VIII, Passagen Verlag (2008) S. 407

besitzt, wird nicht aufgelöst. Alle diese Persönlichkeiten in Psychoanalyse und Meditation müssen sich aus der Beziehung herauslösen, sich mit ihrem Ich-Ideal endgültig aus dem Spiel bringen, so wie vor allem auch der betroffene Proband selbst – ganz analog dazu – die Übertragung auflösen muss. Doch innerhalb all dieser Communities, ja fast Geheimbünden, gelingt dies nicht zur Genüge, und in Religion, Yoga und ähnlichen Verfahren wird darauf überhaupt nicht geachtet.

Der Einzelne ist gefragt, nur er kann, freilich mit zur Verfügung gestellten, wissenschaftlich rein f o r m a l e n Grundlagen, die Übertragung bearbeiten (mittels der *Formel-Worte*) und eine Deutungs-Lösung (mittels der *Pass-Worte*) erreichen. Ich halte das für die derzeit beste Möglichkeit, die Wissenschaft, vor allem die Wissenschaft v o m Subjekt, weiter voranzubringen, woran jeder selbst mitarbeiten kann. Will man das Verfahren anderen vermitteln, ist nicht unbedingt ein Ausbildungsverfahren notwendig. Wie gesagt führt dies nur zu unnötigen Hierarchie-Bildungen. Sicher ist es gut und zweckmäßig, wenn man selbst zum Vermittler der Methode werden will, sie also auch anderen beibringen will, wenigstens ein Jahr Erfahrung damit und etwa vierzig Stunden an psychoanalytischen Einzel- oder Gruppensitzungen teilgenommen zu haben.

Lacan hat vermieden, aus seiner Lehre eine Institution zu machen. Seine Vorlesungen fungierten unter der Domäne einer école freudienne', einer Freud-Schule, ohne weitere Regeln oder Richtlinien. Die Lehre ließ sich allein aus dem frei Vorgetragenen entnehmen, mehr gab es nicht. Zurecht, denn aus etablierten Lehranstalten und Instituten entwickeln sich die üblichen Epigonen-Vereine, in denen nichts Neues mehr entwickelt, sondern nur das Alte einfallslos doziert wird. Aber nicht nur das Dozententum blüht, es wird auch sehr viel Geld damit verdient. Allein die Ausbildung in der herkömmlichen Psychoanalyse kostete mich in den Siebzigerjahren dreißigtausend DM, also etwas mehr als fünfzehntausend Euro. Darin waren die lehranalytischen Stunden mit je fünfzig Euro enthalten. Heute bezahlt man fast das Fünffache, und wenn man berechnet, dass man vorher ein Medizin- oder Psychologie-Studium absolviert haben muss, ist es kein Wunder, dass die psychoanalytische Therapie dann zwanzig- bis vierzigtausend Euro kostet. Die *Analytische Psychokatharsis* kostet nichts.

Anhang I zu den ‚vier Diskursen'

Am besten jedoch lässt sich die gesamte Dynamik der Grundkräfte, des doppelten Begehrens, aus Lacans Darstellung der ‚vier Diskurse' ersehen. Lacan präsentiert darin sein ganzes System der unbewussten psychischen Beziehungen. Er geht von den Philosophen der Antike und schließlich von der Philosophie Hegels aus, der das Sein, die Natur, das Gesetzte (These) als etwas schildert, das eine Ur-Kenntnis vom Genießen hat. Doch in diesem, dem Paradies fast ähnliche Dasein, brachte der Mensch mit dem Sprechen, vor allem mit dem vom Mann her bestimmenden Sprechen, eine große Veränderung in die Welt.

Hegel bezeichnete diese Veränderung als einen ersten Diskurs, also als eine erste Form, die Dinge nicht in ihren Spiegelungen, sondern in ihrem Bedeutungswesen, in ihrer Sprachweise nunmehr als den Diskurs des ‚Herren' zu sehen. Er behauptete, der ‚Herr', ein promoteter Mann, habe sich durch den Verzicht auf plumpe Genüsse zum obersten Verwalter der Gesellschaft gemacht (identisch mit seinen Machtworten und seinem sogenannten Herren-Signifikanten, S_1). Auch S_1 ist ein Wiederholer, ein ‚Ich Herr', Ich Herr', Ich . . .', was Hegel letztendlich zu seiner Dialektik der Geschichte vom Herrn und Knecht veranlasste. In dieser Dialektik spielte das originäre Genießen eine besondere Rolle.

Doch der Herr verlor mit seinem Herrendiskurs, seinem S_1, die ursprüngliche Kenntnis, das originäre Wissen ums Genießen. Das Wort ist Mord an der Sache, so argumentierte Hegel, und die Sache war eben diejenige, die mit dem Wissen uns Genießen zu tun hatte. Eigentlich wollte Hegel eine Dialektik der Liebe schreiben, denn das hätte auch besser zum Genießen gepasst, aber es ist ihm nichts eingefallen, und so blieb es bei einer Dialektik der Geschichte, und dabei, dass man nun zwar kräftige Worte äußern und verbal kommunizieren konnte, aber das Wissen vom Genießen sich woanders herholen musste, es sich zum Beispiel durch die Arbeit des Knechtes verschaffen musste. Zum Schluss ging das Konzept, die elementaren, emotionalen und libidinösen Beziehungen unter den Menschen philosophisch zu beschreiben, nicht ganz auf.

Freud musste es weiter klären und hat so die Dialektik der Liebe nachgeholt und anstelle des Knechtes die Frau in die Gegenposition zum Herrn gestellt. Während nun der Herr das ursprüngliche Wissen vom Genießen durch sein wiederholtes S_1, durch sein Herren-Gestammel im ersten Signifikanten, verloren hatte (auch wenn er dadurch die Sprache wort-wirkend in Gang setzte), behielt die Frau einen Großteil dieses Genuss-Wissens, als Signifikant S_2, noch bei sich. Laut Lacan büßte sie dabei ein bisschen vom Wort-Wirkenden ein, sie konnte nicht so dominant parlieren wie der Mann, besaß dafür aber eine andere Domäne: Sie gab das bei ihr noch vorhandene ursprüngliche Wissen von Genießen nicht her, sie gab diese tief innenwohnende Kenntnis einer der elementarsten Beziehungen nicht preis. Sie solidarisierte sich zwar ein wenig mit dem Herrn, trat jedoch, was das Genießen anging, von Zeit zu Zeit in den Ausstand, und so passierte genau das Gleiche, wie es schon bei Adam und Eva geschehen ist.

Sie machten beide Murks, damals wie heute, weshalb man einen Ausweg erfinden musste, und zwar zuerst den der Religion, die ein verlängerter Herren-Diskurs war und immer noch ist, und dessen feminine Knechte, die Gläubigen, für das Genießen des Ganzen sorgen mussten und auch heute noch ein wenig müssen. Doch schon längst hat sich eine weitere, eine neue Diskursform gebildet, nämlich die der Universität, die praktisch vermittelt, dass sie die Knechte, die hysterischen Frauen und die Gläubigen nicht braucht, weil sie vorgab, alles Wissen selbst produzieren zu können. Sie braucht dazu nur Studenten, womit das Problem der Diskurse sich jedoch wieder nur verlagert hat, wie ich im Weiteren kurz schildern will.

Ich muss einfügen, dass ich diese Erzählung der Lacanschen Diskurse nicht deswegen vorbringe, weil sie interessant ist, sondern weil sie sich als entscheidend für meine Darstellung der Struktur der somatoformen Schmerzstörung oder der ME/CFS-Symptomatik erweist. Und dies in einer meiner Ansicht nach sehr anschaulichen und wissenschaftlich fundierten Art, weil

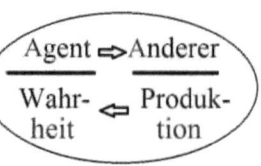

der Kranke sich in einer ähnlichen Position befindet, wie der Knecht, die Frau oder der Student. In den folgenden Abbildungen sind die verschiedenen Diskurse Lacans mit bestimmten Zeichen dargestellt. Zuerst einmal ist in der Abbildung oben der grundlegende Aufbau gezeigt, der für alle Diskurse gilt. Die Intention, das Streben und Begehren der verschiedenen Personen sind in Form ihrer Signifikanten in einer Vierer-Position kreisförmig dargestellt, beginnend links oben mit dem Agens, dem Agenten, der also beispielsweise beim Herren-Diskurs S_1, der Herrensignifikant ist (der ‚Herr' in seinem betonten Auftreten, seiner deutlichen Stimme, und vor allem in seinem Begehren substanziell, ja das Substantiv zu sein).

Er tendiert hinüber zum Anderen, zu S_2, der der Knecht, die Frau oder eben der Student ist. Bei ihnen (auf der rechten Seite) liegt nun die Produktion des Genuss-Wissens, die zurückwirkt oder wirken soll zur Wahrheit, die der Agent, hier also der Herr, S_1, dann zu besitzen glaubt (links in der Position der Wahrheit unter der des Agens). Es findet also eine Kreisbewegung statt, die oben links beginnt und über die andere Figur rechts wieder links unten zur linken Figur links oben zurückführt. Ich betone nochmals, dass diese Schilderung der Lacanschen Diskurse für das Verständnis der somatoformen Schmerzstörung essenziell ist, denn – wie gleich zu sehen sein wird und ich nochmals betone – befindet sich der Kranke genau in dem Vorgang, was als Diskurs des Knechts, der Frau oder des Studenten vermittelt ist,

Die Bezeichnungen sind

S_1, der Herren-Signifikant
S_2, das Wissen
$\emptyset$, das Subjekt
a, das Mehr-an-Genießen

sozusagen in einer Verlängerung dieser Figuren, doch mit einem anderen Ausgang, aber auch mit einem anderen Einstieg. Vorerst aber stelle ich in einer weiteren Abbildung die einzelnen Bezeichnungen dar, wie sie in den Diskursen in deren verschiedenen Positionen zur Geltung kommen. Sie sind bereits zum Teil bekannt und hier nochmals aufgelistet.

Das Entscheidende sind nunmehr diejenigen Darstellungen, die zeigen, wie die einzelnen Bezeichnungen in den Diskursen funktionieren, wobei eine zweite Kreisbewegung sichtbar wird, nämlich die einer Drehung, die gänzlich von einem Diskurs zum nächst anderen verläuft (vom Herren-Diskurs zu dem der Frau und von dort wieder zu dem des Analytikers).

Diskurs des Herrn

$$\frac{S_1}{\emptyset} \rightarrow \frac{S_2}{a}$$

Diskurs der Universität

$$\frac{S_2}{S_1} \rightarrow \frac{a}{\emptyset}$$

$$\frac{\emptyset}{a} \rightarrow \frac{S_1}{S_2}$$

Diskurs der Hysterikerin

$$\frac{a}{S_2} \rightarrow \frac{\emptyset}{S_1}$$

Diskurs des Analytikers

In dieser weiteren Abbildung ist also zuerst einmal der schon geschilderte Herren-Diskurs zu sehen, der eben genau links oben die Position des Agenten zeigt, von der aus der Herr mit seinem Signifikanten S_1 agiert, um sich beispielsweise dem Knecht oder der Frau zuzuwenden, die rechts oben mit dem Signifikanten des Wissens, S_2, wiedergegeben ist. Die Frau wird von den Psychoanalytikern meistens in der neurotischen Form der Hysterikerin dargestellt. Doch der Herr selbst bleibt ebenso neurotisch, denn obwohl ihm vom a, dem Wissen ums Genießen, von der Frau her etwas in die Position seiner Wahrheit gebracht wird, macht ihn diese Produktion nicht vollends glücklich, nicht reif, nicht gesättigt und befriedigt, was an der Bezeichnung $ (verdrängendes, gespaltenes Subjekt) in der Position der Wahrheit (links unten in seinem Diskurs) zu sehen ist.

Dies wird auch am Diskurs der Frau (mit einer Vierteldrehung der Bezeichnungen weiter) sichtbar. Sie agiert nun links oben von diesem $ aus, denn wie oben erörtert, hat sie es nicht so mit der Dominanz des markanten Sprechens, weil sie mehr als der Mann in sich ruht und zudem einen großen Teil des Wissens ums Genießen nicht verloren hat, das als a bei ihr, in ihrer Wahrheitsposition (links unten in ihrem Diskurs), einen festen Platz hat. Diesen femininen, hysterischen Diskurs, kann auch ein Mann einnehmen, wenn er nicht so ein vollmundiges Substantiv geworden ist, wie es in Männerkreisen üblich zu sein scheint. Solch ein Mann geht also von einer homophilen Position aus, aber sein Diskurs endet anders als der der Frau, wenn auch vergleichbar.

Denn selbstverständlich hat die Frau guten Grund, ihr Genuss-Wissen nicht herzugeben. Sie gewinnt dadurch im Mehrlust-Objekt a an Stärke und Wahrheit gegenüber dem Herrn. Trotzdem verläuft von daher gesehen ihr Leben nicht unbedingt glücklicher. Wie ich schon schrieb, gelingt auch ihr wie Adam und Eva nicht der volle, reife Diskurs, wie ihn Lacan mit einer Vierteldrehung der Bezeichnungen weiter beim analytischen Therapeuten unterbringt. Der wendet sich gleich – mit der Mehrlust vertraut (a links oben) – an den verdrängenden, unfertigen Patienten, um nunmehr, sozusagen als Letzter, das Wissen an den Punkt der Wahrheit zu bringen. Nun hat sich dahinter jedoch noch ein weiterer Diskurs eingenistet, der der Universität.

Wie schon angedeutet, hat man mit der Schwäche der Religion und dem nicht ausreichend guten Wirken des männlichen und weiblichen Diskurses das S_2 zum Selbstwisser aufgeplustert, zur Universität. Doch an ihr lässt sich die Problematik hinsichtlich des Wissens ums Genießen genauso ersehen, indem sie anhand des Wissens (S_2), also des Gebotes ‚lerne zu wissen, lerne zu wissen, ‚lerne . .‘, also eines Wiederholungs-Zwangs um das savoir pour savoir, des Wissens um des Wissens willen, zum Diskurs-Agens des Professors macht. Dieser glaubt Genuss von a im endlos lernenden Studenten zu finden, der niemals ganz das Niveau des Professors erreichen wird. Denn darin bleibt der Professor ganz ‚Herr' und Meister, der sich mit dem sprachlichen Wiederholungs- und Wellenphänomen des Herren (S_1, links unten in der Wahrheitsposition des Diskurses der Universität) gerne identifiziert.

Seine Wahrheit ist nicht so sehr die der Gelehrsamkeit, wie er gerne behauptet. Ich erinnere an die Studenten in Deutschland der sechziger Jahre des letzten Jahrhunderts, die ein Spruchband entrollten, auf dem stand: ‚Unter den Talaren der Muff aus tausend Jahren', worauf ihnen einer der Professoren zurief: ‚Ihr gehört's alle ins KZ!' – und das war natürlich wieder der Herren-Diskurs S_1: ‚Ich Herr', Ich Herr', Ich . . .', ihr seid nur die undankbaren Minderwertigen, die zu wenig lernen wollen. ‚Lernt', ‚lernt', ‚le . .'. Freilich war der Spruch der Studenten frech und deplatziert, sie haben eben wie die Frau nicht genug vom Genuss-Wissen geliefert.

Der Geschlechtsunterschied ist nicht mehr wichtig, ob das Wissen von der Universität allerdings auch der Wahrheit dient, steht nicht im Vordergrund, und das ist ja exakt auch das Problem des somatoform Schmerzgestörten. Er liefert nichts, was der medizinischen Fakultät Spaß machen würde, nämlich immunologische Anhaltspunkte für diese Krankheit. Die Schmerzkranken quälen einen nur mit dem Gejammer ihrer Beschwerden, und so bleibt nur das Agens, die treibende Kraft, das Begehren zu wissen und darin den Genuss zu finden. Es kann stets das gleiche universitäre Wissen in immer anderem

Gewand gelehrt werden, und genau das will der Professor vom Studenten, so wie der Herr von der (hysterischen) Frau: Erbring das Wissen vom Genießen, du bist mir das Mehrlust-Objekt a. Lass nicht nach in deiner Produktion.

Wenn also alle Diskurse letztlich an ihrem Wiederholungs-Zwang scheitern, braucht es einen neuen, weiteren Diskurs, bei dem dies nicht mehr passieren kann – und, wie gesagt, es wird einer sein, der mit dem Kranken, speziell auch dem somatoform Schmerzgestörten zu tun hat. Denn der Schmerz besteht ja nicht nur in einer physischen Nervenreizung, er hat auch eine psychologische Seite, die alle die genannten Figuren erleiden, angefangen vom Knecht über die Frau bis zum Studenten. So paradox es klingt, aber es gibt im Schmerz und in der Fatigue eine Verwandtschaft zum a, zur Mehrlust, von der Lacan auch sagt, dass sie eine Runde kürzer ist als das Leiden. Die Welt ist Pathos, Erlebnis, Geschick, Leid, Seelenstimmung, Begierde, Gemütsbewegung, erotische Leidenschaft, etc., was einen immer wieder einholt.[72]

Auch wenn das jetzt alles immer noch sehr theoretisch ist, was ich schreibe, brauche ich etwas zum Beweis meiner Methode, und diesbezüglich finde ich die Diskurse Lacans sehr anschaulich, klug und wissen-

---

[72] Langenscheidt Wörterbuch, Übersetzung aus dem Alt-Griechischen (1993) S. 325

schaftlich präzise. Letztlich lässt sich darin also auch der somatoform Schmerzgestörte darin verorten. Wie der Student und die Frau ist er in der gleichen Position. Es findet sich darin auch das reine Wiederholungs-Geschehen wieder, das der Vibration, in der die abgespaltenen Erinnerungen hochkommen und doch gleichzeitig wieder unterdrückt werden, die hier im basalen Psychischen ihre Wellen-Funktion ausüben.

Denn es geht ja bei den Wellen-Ereignissen entscheidend um den Vorgang von innen, vom Unbewussten, vom Subjekt selbst heraus. Das Ich denkt – da war Descartes stehen geblieben –, aber das Subjekt vibriert, wie sich Lacan ausdrückt, es vibriert in seinem Begehren, und das ist gut so. Denn so wird es sich kennenlernen in einer Form, die real ist – nicht realistisch –, sondern real im Genießen, weil – und das ist jetzt auch wieder so ein seltsamer Lacanscher Lehrsatz – „das Reale des Genießens auch das Genießen des Realen ist".[73]

Dieser Satz scheint die Diskurse abzuschließen, denn das Reale ist selbstverständlich nicht die äußerliche Realität, zu der auch der eigene Körper gehört, sondern eher die Realität des Unbewussten, das anfänglich ja von Hegel als These Gesetzte, das das Wissen ums Genießen mitenthielt, doch im erwähnten Wiederholungs-Geschehen des Doppel-Begehrens wird es nicht nachhaltig hergeholt. Deswegen meinte der Philosoph C.

---

[73] Lacan, J., Seminar XXI, Vortrag vom 12. 3. 1974

Rosset, man käme dem Realen nur nahe, wenn man mit seinen Doubles – also im Doppel-Begehren – einig ist, und das gelingt eben nicht.[74] Oder nochmals Lacan: „Das Reale ist das, was unmöglich symbolisiert werden kann", was unmöglich sprachlich, künstlerisch und vor allem auch nicht wissenschaftlich in Worte zu bringen ist. Es gibt nur eine Möglichkeit, nämlich es jeden Einzelnen tun zu lassen, von der Innensicht und dem Innengehör her, wie der Theologe Scheule sagte, und wie es in der *Analytischen Psychokatharsis* erreicht werden kann.

Es leuchtet ein, dass sich der die *Analytische Psychokatharsis* Übende mit der mentalen Wiederholung der *Formel-Worte* in der Agenten-Position befindet. Das heißt, er lässt diese Nonsens-Formulierungen, derentwegen sie und der Kranke $ sind, gespaltenes, unkoordiniertes Subjekt, die Haupt-Agens-Tätigkeit tun. $ ist deswegen nichts Negatives. Im analytischen Diskurs stellt $ den neurotischen Patienten dar, und das waren einst hauptsächlich Frauen, die Freud geholfen haben, seine psychoanalytische Therapie zu entwickeln. Der somatoform Schmerzgestörte befindet sich in der gleichen Position, er ist in seinem Schmerz gefangen und gespalten, und meditiert und ministriert sozusagen sein

---

[74] Rosset, C., Das Reale, Traktat über die Idiotie, Suhrkamp (1988) S. 50-63

Leiden. Siehe den Diskurs der Analytischen Psychokatharsis.

$$\frac{a \;\rightarrow\; \cancel{S}}{S_2 \qquad S_1}$$

Diskurs
des Analytikers

$$\frac{FW \rightarrow S_\lambda}{a \qquad PW}$$

Diskurs der Ana-
lytischen Psy-
chokatharsis

Aber er schickt nun in die Position des Anderen nichts zu einer realen Person hinüber, wie dies der Herr mit seinem Signifikanten S_1 hinüber zur Frau und ihrem S_2 macht, sondern er bleibt in gewisser Weise bei sich selbst. Und zwar jetzt bei sich als dem ein analytisches Selbstgespräch führenden, der auch deswegen S_1 produziert (Produktions-Position unten rechts), weil es ja ein Sprechen sein soll, und zwar durchaus ein sehr markantes, betontes Sprechen, das sich in Substantiven äußert, in Schlagworten sozusagen, wie sie im Herrendiskurs üblich sind. Doch es handelt sich beim Kranken um *Formel-Worte*, die schon wegen ihrer *Es Spricht*-Überschneidungen nur markant und schlagkräftig sind, während der Herr in seinem Diskurs Befehlsworte, Kraft- und Macht-Worte benutzt, die simpel direkt und zutreffend sind.

Wie geschildert kann das Unbewusste des somatoform Schmerzkranken in dieser Form der *Analytischen Psychokatharsis,* wenn das Verdrängte enthüllt wird, nur die Wahrheit sagen, die auch unbequem sein kann, aber doch authentisch. Denn hauptsächlich wird der Diskurs der *Analytischen Psychokatharsis* das Wissen ums Genießen, das a, für den Schmerzkranken in Position am Platz der Wahrheit bringen. An der Entwicklung der eigenen Krankheit so mitarbeiten zu können, erfreut, beglückt und bereichert einen, es handelt sich um reinstes Pathos, so dass man vom a links unten, wieder zur Position des Agenten zurückkommt und mit den Übungen wieder neu beginnt, was bedeutet, dass man nach der Wiederholung von 4 bis 5 *Formel-Worten* eine erneute gedankliche Runde mit ihnen macht. Hierbei handelt es sich nicht um einen pathologischen Wiederholungs-Zwang.

Anhang II zu Lacans Text von der ‚Wellennatur‘ des Unbewussten.

Der Text enthält zuerst eine Stellungnahme zu Descartes Satz ‚ich denke, also bin ich‘. Sodann auch zum Begriff des a, dem Objekt des Begehrens (von Lacan im Bezug zu Marx‘ Mehrwert, ‚Mehrlust‘ genannt), wie es aus der Kindheit ins Erwachsenenleben als infantil herübergebracht worden ist. a kann auch das Denken und das Wissen sein, die als Abwehrmechanismen gegen das eigentlich Wirksame des Triebs zusehen sind. Auch der Gegensatz von Sein und Nicht Sein als sich gegenseitig bedingend, spielen im folgenden Text eine Rolle.

L'Envers de la psychanalyse, Übersetzung G. Schmitz

Descartes *ergo,* das nichts anderes ist als das *ego,* um das es geht, ist neben das *cogito* zu stellen. Das *Ich denke also: »Ich bin«,* ebendies verleiht der Formel ihren wahren Bedeutungsgehalt. Die Ursache, das *ergo,* ist Gedanke. Da liegt der Ausgang, der genommen werden muss von der Wirkung dessen, worum es in der einfachsten Ordnung geht, mittels der die Sprachwirkung sich ausübt auf der Ebene des Erscheinens des einzigen Zuges der unbewussten Identifizierung, des Ein.

$$\frac{\text{Ich bin ein}}{\text{Ich denke = also bin ich ein}}$$

Sicher, der einzige Zug ist nie allein. Also ist die Tatsache, dass er sich wiederholt -

dass er sich wiederholt, weil er nie derselbe ist -, eigentlich die Ordnung selbst: die, um die es geht dadurch,
dass die Sprache anwesend und, schon wirksam, bereits
da ist. Die erste unserer Regeln ist die, nicht nach dem
Ursprung der Sprache zu fragen, und wäre es nur deshalb, weil er sich hinreichend durch ihre Wirkungen demonstriert.

Je weiter wir ihre Wirkungen treiben, desto mehr
kommt dieser Ursprung zum Vorschein. Die Wirkung
der Sprache ist retroaktiv, und zwar genau darin, dass
sie im Maße ihrer Entwicklung offenbart, was Seinsmangel ist. Ich werde auch - im Vorbeigehen, denn wir
müssen heute weiter kommen - zeigen, dass wir es fol-
gendermaßen schreiben und in seiner strengsten Form
darin das spielen lassen können, was sich, vom Ursprung eines strengen Gebrauchs des Symbolischen an,
in der griechischen Tradition manifestiert, nämlich auf
der Mathematik.

Euklid bildet hier die grundlegende Referenz, und die
Definition, die er uns von der Proportion gibt, ist die al-
lererste, ist vor ihm nie gegeben worden, will sagen:
vor dem, was uns unter seinem Namen an Geschriebe-
nem geblieben ist - natürlich: wer weiß, wo er diese
strenge Definition womöglich entliehen hat? Die, die
die einzige wahre Grundlage für den geometrischen
Beweis [demonstration] liefert, findet sich, wenn ich
mich recht erinnere, im fünften Buch.

Der Begriff Beweis ist hier zweideutig. Indem er die

intuitiven Elemente, die es in der Figur gibt, stets in den Vordergrund stellt, lässt er Sie verkennen, dass, auf sehr formale Weise, bei Euklid die Forderung nach einem symbolischen Beweis geht, nach gruppenmäßiger Ordnung der Gleichheiten und der Ungleichheiten, die allein der Proportion erlauben, sich auf eine nicht approximative, sondern im eigentlichen Sinne demonstrative [= beweisende] Weise abzusichern in diesem Begriff: *logos* - im Sinne von *Proportion.*

Es ist merkwürdig und charakteristisch zugleich, dass man auf die Fibonacci-Reihe hat warten müssen, bis man sah, wie sich das herausschälte, was in der Wahrnehmung jener Proportion gegeben ist, die sich das proportionale Mittel nennt. Ich schreibe sie hier noch einmal – Sie wissen, ich habe von ihr Gebrauch gemacht, als ich von *einem Andern zum Andern* gesprochen habe.[75] Ein Romantismus fährt noch immer fort, es den Goldenen Schnitt zu nennen und verliert sich darin, ihn auf der Oberfläche von allem wiederzufinden, was durch die Zeiten hindurch hat gemalt oder gezeichnet werden können, so als wäre nicht so als wäre nicht sicher, dass dies alles nur da ist, um ihn zu sehen. Man braucht nur ein Werk

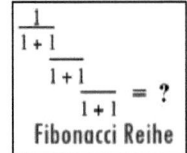

$$\cfrac{1}{1 + \cfrac{1}{1 + \cfrac{1}{1 + 1}}} = ?$$

Fibonacci Reihe

---

[75] Fibonacci, eigentlich Leonardo von Pisa, der Sohn des Bonaccio (»filius Bonacci« oder abgek. »Fibonacci«; 180-1250), von Beruf Kaufmann, entdeckte um das Jahr 1202 die nach ihm benannte Reihe.

der Ästhetik aufzuschlagen, das auf diesen Bezug zu sprechen kommt, um zu sehen, dass wenn man ihn dort anbringen kann, dann ganz sicher nicht deswegen, weil der Maler die Diagonalen im voraus gezeichnet hat, sondern weil es in der Tat einen gewissen intuitiven Zusammenhang gibt, der macht, dass genau *das* am besten zusammenstimmt.

Nur, es gibt noch etwas anderes, das zu erfassen Ihnen leicht sein wird. Nimmt man jeden dieser Terme, indem man beginnt, sie mittels des unteren zu berechnen, dann werden Sie schnell sehen, dass Sie es zunächst mit 1/2 zu tun haben, dann mit 2/3, sodann mit 3/5. Auf diese Weise finden Sie die Zahlen, deren $$\frac{1}{a+1}$$ Folgen die Fibonacci Reihe bildet, 1, 2, 3, 5, 8, wobei jede die Summe der beiden vorhergehenden ist, worauf ich Sie seinerzeit hingewiesen habe. Diese Beziehung zweier Terme, werden Sie beispielsweise schreiben $u_{n+1} = u_{n-1} + u_n$. Das Ergebnis der Division u_{n+1}/u_n wird, treibt man die Reihe nur weit genug, gleich sein mit der in der Tat idealen Proportion, die sich das proportionale Mittel nennt oder auch der goldene Schnitt.

Fasst man jetzt diese Proportion als Bild für das auf, was es mit dem Affekt auf sich hat, insofern es Wiederholung dieses ich bin ein in der nächsten Zeile gibt, so ergibt sich daraus retroaktiv das, wodurch es verursacht wird: der Affekt [das Denken]. Dieser Affekt, wir können ihn augenblicklich schreiben gleich mit a, und wir werden wissen, dass es dasselbe a ist, das wir auf der Ebene der Wirkung wiederfinden. Die Wirkung der Wiederholung der 1, das ist dies a, auf der Ebene dessen, was sich hier mittels eines Bruchstrichs abzeichnet. Der Bruchstrich ist genau genommen nur dies, dass es etwas gibt, das überschritten werden muss, damit die 1 affiziert. Alles in allem ist es dieser Bruchstrich, der gleich mit a ist. Und kein Erstaunen darüber, dass der Affekt, dass wir ihn regelmäßig unter den Bruchstrich schreiben könnten als das, was die hier gedachte, umgekehrte Wirkung ist, die die Ursache erscheinen lässt. In erster Linie erscheint die Ursache als gedachte Ursache.

Genau dies veranlasst uns dazu, in diesem ersten Anwendungsversuch der Mathematik eine sichere Artikulation dessen zu finden, was es mit der Diskurswirkung

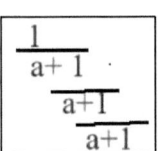

auf sich hat. Auf der Ebene der Ursache, insofern sie als Gedanke erscheint, Reflex der Wirkung, rühren wir an die initiale Ordnung dessen, was es mit dem Seinsmangel auf sich hat. Das Sein bestätigt/behauptet sich nur mittels der Marke 1, und der ganze Rest ist Traum – insbesondere die Marke 1, insofern die Beliebiges umfassen und es vereinen würde. Sie kann überhaupt nichts vereinigen außer gerade die Konfrontation, die Zuordnung des Denkens der Ursache zur ersten Wiederholung der 1.

Bereits diese Wiederholung verursacht und setzt auf der Ebene des a die Schuld der Sprache ein. Etwas ist demjenigen zu bezahlen, der/das sein Zeichen einführt. Dieses etwas – mittel einer Nomenklatur, die versucht ihm sein historisches Gewicht zu verleihen, habe ich es dieses Jahr mit dem Begriff der Mehrlust benannt. Was reproduziert sich durch diese infinite Artikulation? Was betrifft, dass dieses kleine a hier wie dort dasselbe ist, versteht es sich von selbst, dass die Wiederholung der Formel nicht die infinite Wiederholung des *ich denke* im Innern des *ich denke* sein kann – ein Fehler, den die Phänomenologen nie zu begehen versäumen – sondern allein die folgende: *Ich denke*, wenn es passiert war, lässt sich nur ersetzen durch das *Ich bin: ‚Ich denke, also bin ich'*. Ich bin der, der ‚*Also bin ich'* denkt, und das unaufhörlich. Sie werden bemerken, dass sich das kleine a immer weiter entfernt in einer Reihe, die exakt dieselbe Ordnung der Einsen reproduziert, so wie sie hier nach rechts entfaltet werden, ausgenommen, dass es im letzten Term ein kleines a geben wird.

Das ist, auf gewisse Weise, nur eine lokale Artikulation. Sicher erhebt sie nicht den Anspruch, durch eine feste und gesicherte Proportion zu entscheiden, was es mit der Effektivität der alleranfänglichsten Manifestation der Zahl auf sich hat, nämlich dem einzigen Zug [der Identifikation]. Sie soll nur daran erinnern, was es mit der Wissenschaft auf sich hat, so wie wir sie jetzt, wenn ich so sagen darf, auf dem Hals haben – will sagen, in unserer Welt auf eine Weise gegenwärtig, die alles, was sich über einen Erkenntniseffekt spekulieren lässt, um vieles übertrifft. In der Tat sollte man gleichwohl nicht vergessen, dass das Charakteristikum unserer Wissenschaft [Psychoanalyse] nicht darin besteht, dass sie eine bessere und ausgedehntere Erkenntnis der Welt eingeführt hat, sondern dass sie in der Welt hat Dinge erscheinen lassen, die dort auf der Ebene unserer Wahrnehmung in keiner Weise existierten.

Man versucht die Wissenschaft einer mythischen Genese zuzuordnen, die von der Wahrnehmung ausgeht, und zwar unter dem Vorwand, diese oder jene philosophische Meditation hätte sich lange Zeit bei der Frage aufgehalten, was denn garantiere, dass die Wahrnehmung nicht illusorisch ist. Nicht daraus ist die Wissenschaft hervorgegangen. Die Wissenschaft ist aus dem hervorgegangen, was in dem Euklidischen Beweisen keimhaft angelegt war. Diese sind noch immer sehr suspekt dadurch, dass sie noch immer jenes Festhalten an der Gestalt beinhalten, das ihre Evidenz zum Vorwand nimmt. Die ganze Evolution der griechischen Mathematik beweist uns, dass das, was in den Zenit steigt, die Manipulation der Zahl als solcher ist.

Zweifellos können wir von der Wissenschaft sagen, dass *nihil fuerit in intellectu quod non primus fuit in sensu*, was beweist das? Der *sensus* hat, wie man gleichwohl weiß, nichts zu tun mit der Wahrnehmung. Der *sensus* ist da nur in der Art dessen, was sich zählen lässt und was die Tatsache des Zählens schnell auflöst. Fasst man das, was es mit unserem *sensus* auf sich hat, beispielsweise auf der Ebene des Ohrs oder Auges auf, dann endet das damit, dass man Schwingungen

[Wellen, Vibrationen] auszählt. Und dass wir uns wirklich daran gemacht haben, Schwingungen zu erzeugen, die weder mit unseren Sinnen noch mit unserer Wahrnehmung zu tun hatten, das verdanken wir gerade diesem Spiel der Zahl. Die Welt, die mutmaßlich von jeher die unsere war, ist jetzt . . . von einer beträchtlichen und sich überkreuzenden Anzahl dessen bevölkert, was sich Wellen nennt. Als Manifestation, Präsenz, Existenz der Wissenschaft ist das nicht zu vernachlässigen.

Man müsste in unserer Zeit wirklich auch dem Rechnung tragen, das weit darüber hinausgeht und das Wirkung von was ist? Von einem Wissen, das weniger durch seine eigene Filterung, seine Kritik, wie man sagt, fortgeschritten ist, als durch einen kühnen Elan im Ausgang von einem Kunstgriff, zweifellos dem von Descartes – andere werde da andere auswählen – dem Kunstgriff Gott die Garantie für die Wahrheit zu überantworten. Wenn es eine Wahrheit gibt, soll er sich um die kümmern. Wir nehmen sie bei ihrem sichtbaren Wert. . . . Gerade insofern die Wissenschaft sich nur auf eine Artikulation bezieht, die sich nur von der Signifikanten-Ordnung her verstehen lässt, konstruiert sie sich aus etwas, von dem es nichts zuvor gab.

Warum nicht den Ort berücksichtigen, an dem sich diese Fabrikationen der Wissenschaft situieren, wenn sie nichts anderes sind als der Effekt einer formalisierten Wahrheit. Wie werden wir diesen Ort nennen? Auch da lege ich zu viel Gewicht auf das, was ich sagen will, und ich bin zwangsläufig nicht besonders stolz auf

das, was ich hier vorbringe, ich denke jedoch, es ist
nützlich diese Frage zu stellen, die keine der Nomenklatur ist. Es geht genau um den Platz, der wirklich besetzt ist, durch was? Ich habe gerade von den Wellen
[Schwingungen, Vibrationen] gesprochen. Eben darum
handelt es sich.

Lacan verweist im Folgenden darauf hin, dass die Wellen bei ihm nicht nur solche der Physik oder des Bildes,
sondern solche Wahrheit sein sollen, und spricht daher
dem griechischen Wort ἀλήθεια, aletheia, die Wahrheit,
entsprechend von der ‚Alethossphäre'. Darauf muss ich
nicht weiter eingehen, denn mir geht es eben mehr um
die Praxis, wo die Wellen, Vibrationen der Katharsis
Heilkraft haben, was neben der psychoanalytischen
auch eine praktische Wahrheit ist. Der Wahrheit diesen
in der *Analytischen Psychokatharsis* vielmehr die *Pass-
Worte*. Sie entsprechen der Deutung in der klassischen
Psychoanalyse, die der Therapeut auf Grund der Entde-
ckungen, die er den Aussagen seines Patienten entnom-
men hat, in der Hoffnung verwendet, dass es vor allem
die Wahrheit, selbst wenn sie unangenehm ist – und das
ist sie ja oft – entscheidend zur Heilung beiträgt.

Literaturverzeichnis

Appleton, T., Warum verschwanden die Neandertaler, Heyne (1999)

Baggini, J., Ich denke, also will ich, dtv (2016)

Barkhaus, A., Mayer, M., Identität, Leiblichkeit, Normativität, Suhrkamp (1996)

Bauriedl, T., Beziehungsanalyse, Suhrkamp (1993)

Benthien, C., Wulf, Ch., Körperteile, Rowohlt (2001)

Bezzel, C., Wittgenstein, Junius (1996)

Brenman, E., Vom Wiederfinden des guten Objekts, frommann-holzboog (2014)

Breuer, R., Immer Ärger mit dem Urknall, Rowohlt (1993)

Bischof, M., Biophotonen, Zweitausendeins (1995)

Brockman, J., Vogel, S., Wie funktioniert die Welt?, Fischer Taschenbuch (2013)

Bronner, G., Kognitive Apokalypse, C. H. Beck (2022)

Byung-Chul Han, Die Austreibung des Anderen, Fischer Wissenschaft (201)

Byung-Chul Han, Die Errettung des Schönen, Fischer Wissenschaft (201)

Camus, A., Der Mensch in der Revolte, Rowohlt (1997)

Camus, A., Der Mythos des Sisyphos, Rowohlt (2000)

Carnap, R., Einführung in die Philosophie der Naturwissenschaft (1969)

Damasio, A. R., Descartes` Irrtum, dtv (1997)

Davies, P., Gott und die moderne Physik, Bert. M. (1986)

Eccles, J. C., Gehirn und Seele, Piper (1987)

Eichmeier, J., Höfer, O., Endogene Bildmuster, U&S – Verlag (1974)

Eribon, D., Rückkehr nach Reims, ed suhrkamp (2016)

Fischer-Lichte, E., Performativität: Eine Einführung, transcript (2012)

Fölsing, A., Albert Einstein, Suhrkamp (1995)

Freud, S., Studienausgabe, Fischer (1989)

Goel, B. S. Meditation und Psychoanalyse, Ariston (1989)

Görz, G., Einführung in die künstliche Intelligenz, Addison-Wesley (1996)

Goldman, L. R., The Anthropology of Cannibalism, B&G (1999)

Heidegger, M., Unterwegs zur Sprache, G. Neske (1959)

Hilbrecht, H., Meditation und Gehirn, Schattauer (2010)

Hofstadter, D., Die Fargonauten, Klett-Cotta (1996)

Hofstadter, D., Die Analogie, Klett-Cotta (2014)

Horgan, J., An den Grenzen des Wissens, Luchterhand (1997)

Jacobs, A., Schrott, R., Gehirn und Gedicht, Hanser (2011)

Jakobson, R., Semiotik, Suhrkamp (1988)

Jakobson, R., On Language, Harvard University Press (1995)

Jung. C. G., Gesammelte Werke, Walter (1983)

Kant, I., Kritik der reinen Vernunft, Reclam (1966)

Kant, I., Kritik der praktischen Vernunft, Suhrkamp (1974)

Kluge, F., Etymologisches Wörterbuch, W. de Gruyter (1989)

Köhler-Weisker, A., Gespräche unter dem Mopanebaum, Psychosozial-Verlag (2015)

Lacan, J., Schriften I - III, Walter, (1975)

Lacan, J., Seminare I,I, VII, XI, XX, Quadriga (1980-1995)

Lacan, J., Seminaire Nr. III, Iv, VIII, XVII, Edition Seuil (1981-1994)

Lacan, J., Die Bildungen des Unbewussten, Turia & Kant (2006)

Lacan, J., Mitschriften der Seminare VI,IX,X,XII,XV, B.R.L.F., Strasbourg

Langereis, S., Erasmus, Propyläen (2021)

Laplanche, J., Pontalis, J. B., Das Vokabular Der Psychoanalyse, Suhrkamp (1989)

Leakey, R., Die ersten Spuren, Goldmann (1999)

Lenzen, M., Der elektronische Spiegel, C. H. Beck (2023)

Linke, D., Kunst und Gehirn, Rowohlt (2001)

Maar, C., Pöppel, E., Christaller, T., Die Technik auf dem Weg zur Seele, Rowohlt (1996)

Meckel, M., Steinacker, L., Alles überall auf einmal, Rowohlt (2024)

Merleau-Ponty, M., Das Sichtbare und das Unsichtbare, Fink Verlag (1994)

Morgenthaler, F., Gespräche am sterbenden Fluß, Fischer (1986)

Pinker, S., Der Sprachinstinkt, Kindler (1996)

Plato, Sämtliche Werke, Insel Verlag (1991)

Popper, K. R., Eccles, J. C., Das Ich und sein Gehirn, Piper (1989)

Potthoff, P., Die Begegnung der Subjekte, Psychosozial-Verlag (2014)

Radisch, I, Camus, Rowohlt (2013)

Roazen, D., Der innere Sinn, Archäologie eines Gefühls, Fischer (2012)

Roheim, G., Die Panik der Götter, Kindler (1975)

Rosset, C., Das Reale in seiner Einzigartigkeit, Merve (2000)

Rüdinger, D., Perrez, M., Anthropologische Aspekte der Psychologie, O. Müller (1979)

Rudgley, R., Abenteuer Steinzeit, Kremaye & Scheriau (2001)

Schmidt-Hellerau, C., Lebenstrieb & Todestrieb, Libido & Lethe, Verlag Intern. Psychoanalyse (1995)

Schmitz, R. W., Thissen, J., Neandertal, Spectrum (2000)

Searle, J. R., Geist, Hirn und Wissenschaft, Suhrkamp (1992)

Seidler, G. H., Der Blick des Anderen, Verlag Intern, Psychoanalyse (1995)

Sinz, R., Gehirn und Gedächtnis, Fischer Utb (1981)

Sloterdijk, P., Du musst dein Leben ändern, Suhrkamp (2009)

Spielrein, S., Sämtliche Schriften, Kore (1987)

Strowik, E., Sprechende Körper, Fink-Verlag (2009)

Sunday, P. R., Divine Hunger, Cambr. Univ. Press (1986) Thompson, R. F., Das Gehirn, Spectrum (1994)

Thorne, K. S., Gekrümmter Raum und Verbogene Zeit, Knaur (1996)

Tipler, F. J., Über die Omegapunkttheorie, Piper (1994)

Uexküll, Th., Fuchs, M., Subjektive Anatomie, Schattauer (1994)

Weiss, Der Andere in der Übertragung, Frommann-Holzboog, (1988)

Weizsäcker, C. F. von, Die Einheit der Natur, dtv (1995)

Weinberg, S., Der Traum von der Einheit des Universums, Bertelsmann (1993)

Weizenbaum, J., Die Macht der Computer, Stw (1977)

Wiener, O., Probleme der Künstlichen Intelligenz, Merve (1990)

Wilhelm, R., Informatik, C.H.Beck (1996)

Wilson, E. O., Der Wert der Vielfalt, Piper (1999)

Wolf, F. A., Die Physik der Träume, Byblos (1996)

Wygotski, L. S., Denken und 'Sprechen', Fischer (1981)

www.analytic-psychocatharsis.com
Kontakt: g.vonhummel@web.de

Weitere Bücher des Autors im MSC-Verlag

Der leere Geist und die KI.
Zwischen psychotherapeutischen Methoden und der künstlichen Intelligenz (KI) gibt es kaum Vergleichsmöglichkeiten. In der Psychoanalyse J. Lacans wird in der der rechnerische Intellekt der KI zwar gewürdigt, aber durch einen ‚der Liebe unterstellten Intellekt' ersetzt wird, in dem der Einzelne wieder zum Zug kommt. Ein neues Verfahren führt in die Wissenschaft zur Seele des Einzelnen zurück und gibt ihr durch die KI doch neue Impulse.

Yoga und Psychoanalyse

An Hand einer wissenschaftlichen Biographie des Religionswissenschaftlers und Yogalehrers Kirpal Singh (Surat Shabd Yoga) werden alle Yogaformen von der Seite der Psychoanalyse her betrachtet. Es ergibt sich die Notwendigkeit ein eigenes Verfahren zu begründen, das der Autor auch *Analytische Psychokatharsis* nennt. Zahlreiche Bilder und Schemata machen das Buch anschaulich.

Wissenschaftlich begründet meditieren. Die klassische Methode der Analyse des Unbewussten stellt eine zu theoretische Form der Psychotherapie dar. Um in der Praxis mehr Erfolg zu haben bedarf es eines direkteren selbstanalytischen Verfahrens, das jeder aus sich selbst heraus entwickeln kann. Formulierungen, die in einem einzigen Schriftzug mehrere Bedeutungen enthalten, können das Unbewusste jedes Einzelnen durch mentales Üben aufbrechen und zu sich selbst befreien.

‚teetrunken' Ausgangspunkt des Buches stellt die Lehre des Psychoanalytikers O. Graf Wittgenstein dar, der davon ausging, dass der Mensch in sich drei Teile birgt, die er nur verschiedentlich zu einer Einheit bzw. einheitlichen Persönlichkeit verbinden kann. Die letztliche und ideale Einheit nennt er den 'Trialog'. Anhand der Schilderung mehrerer Bergbesteigungen durchstreift der Autor alle möglichen kulturellen und psychologischen Fragestellungen, um im Endeffekt den 'Trialog' durch das Wandern, Meditieren und intellektuelle Verarbeiten zu erreichen.